Leistungsmotivation

August Sahm

NEUE METHODEN ZUR LEISTUNGSMOTIVATION DER MITARBEITER

Situationsbezogene Motivationstechniken für die betriebliche Praxis

1. Auflage 1979

WEKA-VERLAG Fachverlag für Verwaltung und Industrie

1. Auflage 1979

CIP-Kurztitelaufnahme der Deutschen Bibliothek

Sahm, August:
Neue Methoden zur Leistungsmotivation der Mitarbeiter: situationsbezogene Motivationstechniken für d. betriebl. Praxis/August Sahm. – 1. Aufl. – Kissing: WEKA-VERLAG, Fachverlag für Verwaltung und Industrie, 1979.
(Führungstechnik aktuell)
ISBN 3-8111-8310-9

Telefon (0 82 33) 50 51, Telex 5 33 287 weka d

Satz: Fotosatz Kunz, Augsburg
Druck: Negele, Augsburg
Printed in Germany 1979
ISBN 3-8111-8310-9

Inhalt

Teil I

Aktuelles Führungswissen zur Leistungsmotivation

* Diesem Kapitel ist eine Inhaltsübersicht vorangestellt

Teil II

Fallbeispiele aus der Praxis

* Diesem Kapitel ist eine Inhaltsübersicht vorangestellt

Einführung

„Fürchte den Hund von vorn, den Esel von hinten und den Vorgesetzten von allen Seiten!" Wer das „zum besten" gibt, hat die Lacher auf seiner Seite. Warum wohl? Der Spruch charakterisiert eine Vorgesetztenrolle, wie viele sie erleben: Als Antreiber und Aufpasser, der wohlwollend tut, so lange alles klappt, der aber bedrohlich reagiert, wenn einer nicht „spurt".

Man tut gut daran, seinem Chef nicht unangenehm aufzufallen. Seit eh und je haben Vorgesetzte durch „Zuckerbrot und Peitsche" viel aus ihren Leuten herausgeholt.

Menschen zu Leistungen zu bewegen, nennen wir Motivation und betrachten das als eine wichtige Führungsaufgabe. Wenn es sich um einfachere Arbeitsprozesse handelt, die unmittelbar zu kontrollieren sind, kann man durch Belohnungen oder Bestrafungen Leistung motivieren.

Qualifizierte Aufgabenstellungen, die von den Mitarbeitern selbständiges Disponieren verlangen, können weniger von außen her gesteuert werden. Sie brauchen Mitarbeiter, die von innen heraus motiviert sind, d.h. aus eigenen Antrieben ihr Bestes geben.

Wie aber kann ein Vorgesetzter bei seinen Mitarbeitern innere Beweggründe des Leistens motivieren? Wie vermag er, auf sie motivierend einzuwirken, daß er in ihnen einen inneren Leistungsansporn bewirkt?

Darüber haben viele Theoretiker nachgedacht und noch mehr Praktiker Erfahrungen gesammelt.

Das Buch will aber weniger über anerkannte Theorien und über bewährte praktische Anwendungen berichten, als auf neue methodische Ansätze zur Leistungsmotivation der Mitarbeiter hinweisen.

Bislang stand mehr die Frage im Vordergrund: Wie ist der einzelne Mitarbeiter zu motivieren?

Durch das Anwachsen der Teamarbeit wird es immer dringlicher zu fragen: Wie sind Gruppen motivierbar?

Welche Motivationsprozesse vollziehen sich zwischen dem Vorgesetzten und seinem Team, zwischen den Teammitgliedern untereinander? Kann die Berücksichtigung der Gruppendynamik die Motivationswirkung verstärken?

Eröffnen sich damit neue Dimensionen der Leistungsmotivation? Benötigen wir deshalb auch neue Motivationsmethoden? Welche? Wie sind sie zu erlernen und zu praktizieren?

Das Buch versucht, auf diese Fragen praxisorientierte Antworten zu geben und bietet ein Trainingsprogramm für Vorgesetzte und Mitarbeiter an, um die neue Methodik der Leistungsmotivation zu üben.

Die Kapitel eins bis vierzehn, Teil I dieses Buches, enthalten praxisorientierte Hinweise, was eine Führungskraft hinsichtlich ihres Verhaltens wissen und können muß, um auf die Leistungsmotivation ihrer Mitarbeiter in neuer Form einwirken zu können (s. Abb. 1). Die in der Abbildung 3 auf Seite 16 dargestellten Lernziele beziehen sich auf die im Übungs-Teil II dieses Buches angebotenen Fallbeispiele.

SCHWERPUNKTE DER MOTIVATIONSEINWIRKUNGEN

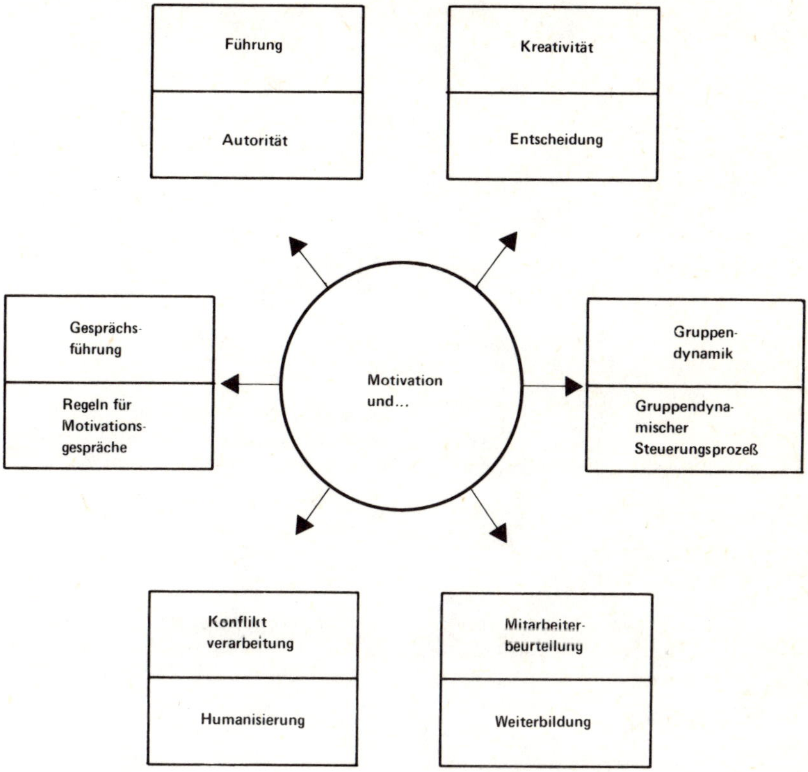

Abbildung 1

Teil I

Aktuelles Führungswissen zur Leistungsmotivation

1 Motivationseinwirkungen

Inhaltsübersicht

Was veranlaßt Menschen, etwas zu leisten? Was bewegt Arbeitnehmer, in der beruflichen Zusammenarbeit Leistungsziele zu erreichen? Wie können Führungskräfte in Wirtschaft und Verwaltung auf ihre Mitarbeiter einwirken, um deren Leistungswillen und Kooperationsbereitschaft zu erhalten und zu verbessern?

Welche Art von Einwirkungen bewirkt beim arbeitenden Menschen Leistungsmotivation?

Motivations-Wissenschaftler erklären: Der Mensch leistet etwas, um seine Bedürfnisse zu befriedigen. Das heißt aber, wer Arbeitsleistung erreichen will, muß die individuelle Bedürfnislage des Mitarbeiters herausfinden und ihm deren Befriedigungsmöglichkeiten durch Leistungsergebnisse deutlich machen.

1.1 Bedürfnisse

Abraham H. Maslow, Professor für Psychologie am Western Behavioral Institute und an der Brandeis Universität, gestorben im Juni 1970, ist der Begründer einer der bekanntesten und immer wieder zitierten Motivationstheorie. Er klassifiziert die menschlichen Bedürfnisse in fünf Stufen:

1. Physiologische Bedürfnisse
2. Sicherheitsbedürfnisse
3. Zugehörigkeits- und Kommunikationsbedürfnisse
4. Bedürfnisse nach Wertschätzung und Achtung
5. Bedürfnisse nach Selbstverwirklichung

Er geht von der These aus, daß unbefriedigte Bedürfnisse als Motivatoren wirken, während befriedigte bzw. abgesättigte Bedürfnisse nachlassen, als Motivation wirksam zu sein; die motivierende Rolle müssen dann höhere Bedürfnisse übernehmen. Untersuchungen haben ergeben, daß bei unseren Mitarbeitern die Bedürfnisse drei bis fünf als Motivationsansatz immer mehr an Bedeutung gewinnen.

Wenn ein befriedigtes oder abgesättigtes Bedürfnis aufhört, als Leistungsmotivation wirksam zu sein, empfiehlt Maslow, motivierende Einwirkungen höherer Bedürfnisse einzusetzen. Eine differenzierende Ergänzung der Maslow'schen Theorie bietet eine andere motivationswissenschaftliche Überlegung: Es handelt sich um die Forschungsergebnisse von Frederick Herzberg und seinen Mitarbeitern aus der psychologischen Abteilung von Pittsburgh (Pittsburgh-Studien). Die Pittsburgh-Gruppe fand, daß sich Mitarbeiter hauptsächlich durch die Arbeitsaufgabe selbst, durch ihre Kompetenz und Verantwortung zur Leistung angespornt fühlen, daß demgegenüber Arbeitsklima und Arbeitsbedingungen zwar als Voraussetzungen wichtig sind und Unzufriedenheit entsteht, wenn sie sich verschlechtern, daß sie aber keine unmittelbaren Antriebskräfte zur Leistung sind.

Herzberg nennt die Aufgabe, die Kompetenz und die Verantwortung „Motivatoren", Führungsklima, Kooperationsklima sowie Arbeitsbedingungen dagegen „Hygiene-Faktoren".

Ein Motivator ist ein Einfluß, der der Einstellung oder der Leistung Auftrieb verleiht. Hygiene-Faktoren sind keine Triebkräfte, sondern können allenfalls eine Verschlechterung der Arbeitsmoral oder der Leistungsfähigkeit verhindern. Sie bilden die Voraussetzung für eine wirksame Motivation, können aber selbst nicht motivieren.

1.2 Beweggründe

Es gilt aber in der Motivationsfrage zu bedenken, daß beim Mitarbeiter zwei Arten von Einwirkungen einen Motivationsdruck und zwei Arten von Einwirkungen einen Motivationssog hinsichtlich seiner Berufsarbeit erzeugen können (s. Abb. 2). Im Falle von A und C wird der beruflich Tätige von Interessen „angetrieben", die nur mittelbar mit seiner Tätigkeit selbst zusammenhängen.

Bei B und D kann der Arbeitende Leistungsimpulse erhalten, die mit seiner Arbeitssituation unmittelbar im Zusammenhang stehen.

Welche Einwirkungen auf die Leistungsmotivation dominieren, dürfte von Fall zu Fall sehr unterschiedlich sein. Es erscheint deshalb bedenklich, die Leistungsmotivation, wie es oft geschieht, einzig aus der Bedürfnisbefriedigung der Einwirkungsart B zu begründen.

EINWIRKUNGEN AUF DIE LEISTUNGSMOTIVATION DER MITARBEITER

A) Einwirkungen aus Bedürfnissen des Betriebes

- Innovation
- Zielerreichung
- Rentabilität
- Produktivität

C) Einwirkungen aus Bedürfnissen des privaten und öffentlichen Lebens

- Gesellschaftliche Anerkennung
- Soziales Prestige
- Partnererwartungen
- Materieller Lebensstandard

B) Einwirkungen aus persönlichen Bedürfnissen einzelner Mitarbeiter

- Aufgabe
- Erfolg
- Aufstieg
- Bezahlung

D) Einwirkungen aus zwischenmenschlichen Bedürfnissen in den Arbeitsgruppen

- Partizipation
- Respektierung
- Kollegialität
- Humane Kooperation

Abbildung 2

Für die Motivationssituation in unseren Betrieben stellt sich überdies die Frage: Wieviel Prozent der Mitarbeiter kann eine Arbeitsorganisation, überdurchschnittliche Bezahlung, raschen Aufstieg, wachsende Erfolgserlebnisse und faszinierende Aufgaben bieten?

Die Aussicht auf die Befriedigung solcher Bedürfnisse löst zweifellos starke Anreize zu außerordentlichen Leistungsanstrengungen aus und gibt Führungskräften wirksame Möglichkeiten zur Leistungsmotivation an die Hand.

Aber die große Mehrzahl der Beschäftigten arbeitet unter Bedingungen, bei denen in diesen vier Punkten nicht viel „drin" ist.

1.3 Neue Ansätze

Was heißt in unserer arbeitsteiligen Berufswelt überhaupt Leistung? Wo ist sie das Ergebnis von „Einzelkämpfern"? Wie oft braucht sie die Zusammenarbeit, das Team, die gemeinsame Anstrengung? In wievielen Fällen kann sie einzelnen gar nicht mehr zugerechnet werden, sondern stellt das Resultat von Gruppenkooperationen dar, in denen alle voneinander abhängen, aufeinander angewiesen sind?

Damit treten andere Bedürfnisse in den Vordergrund und verlangen nach Befriedigung.

Es müssen neue Ansätze und Methoden der Leistungsmotivation gefunden werden, die geeignet sind, den Mitarbeitern mehr Selbst- und Mitverantwortlichkeit, bessere Entfaltungs- und Entwicklungsmöglichkeiten zu gewähren, in ihnen gegenseitiges Vertrauen und gemeinsame Solidarität zu verstärken, sowie größere Bereitschaft zur Zusammenarbeit und Initiative zu wecken.

Partizipation in Entscheidungsprozessen, Respektierung personaler Interessen, Kollegialität in zwischenmenschlichen Beziehungen und Humanisierung der Kooperation gewinnen als Motivationsfaktoren an Bedeutung. Sie setzen allerdings kooperative Verhaltensweisen voraus, die von Vorgesetzten und Mitarbeitern gemeinsam gelernt und geübt werden müssen (s. Abb. 3).

MOTIVATIONSEINWIRKUNGEN AUS ZWISCHENMENSCHLICHEN BEDÜRFNISSEN

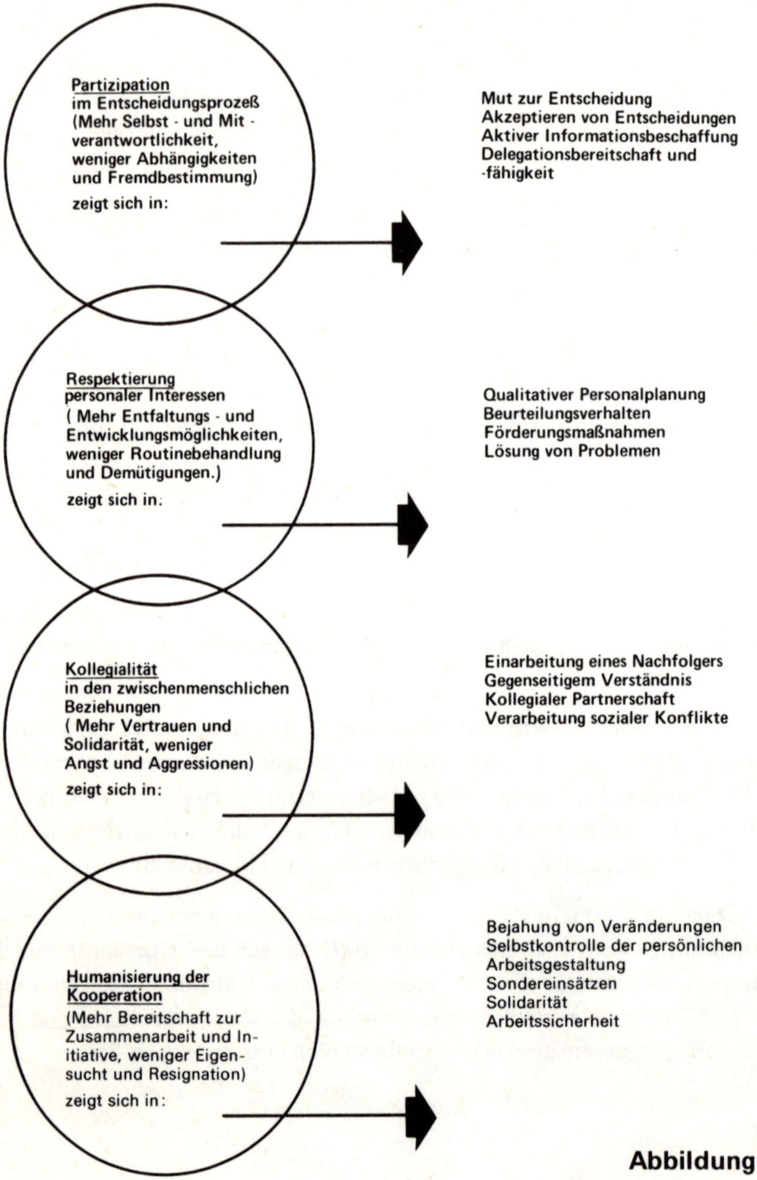

Abbildung 3

Auf diese Weise kann Leistungsmotivation aus Arbeitszufriedenheit erwachsen. Die Führenden motivieren weniger, indem sie ihren Mitarbeitern etwas in Aussicht stellen und gewähren, sondern mehr, indem sie mit ihnen zwischenmenschliches Verhalten durch Lernprozesse verbessern.

1.4 Das Bild vom Mitarbeiter

Das methodische Wissen und Können genügt jedoch nicht. Voraussetzung zu seiner Anwendung ist eine grundsätzliche Einstellung zum Mitarbeiter.

Die Bereitschaft und Fähigkeit des Vorgesetzten zur Motivation wird bestimmt vom Menschenbild, das er von seinen Mitarbeitern hat. Dabei lassen sich zwei Einstellungen unterscheiden: das pessimistische und das optimistische Menschenbild. Der amerikanische Motivationstheoretiker Douglas McGregor, Professor für Industrie-Management am Massachusetts Institute of Technology, hat die Einstellung zum Mitarbeiter mit Theorie X oder Theorie Y bezeichnet.

Die Theorie X, die das pessimistische Menschenbild beschreibt, geht von drei Grundsätzen aus:

1. Der durchschnittliche Mitarbeiter hat eine angeborene Abneigung gegen Arbeit und versucht, sich vor ihr zu „drücken", wo immer er kann.
2. Wegen seiner Arbeitsunlust muß der Mitarbeiter durch Lenkung, Führung, Zwang und Strafandrohung zur Erreichung der Unternehmensziele bewegt werden.
3. Der durchschnittliche Mitarbeiter möchte lieber gelenkt werden, als selbständig Verantwortung tragen. Er entwickelt wenig Ehrgeiz und ist vor allem auf Sicherheit aus.

Das optimistische Menschenbild, das durch das Modell der Theorie Y beschrieben wird, beruht auf folgenden drei Grundsätzen:

1. Der Mitarbeiter ist nicht schon von Natur aus der Arbeit gegenüber positiv oder negativ eingestellt, er entwickelt diese Einstellung vielmehr aufgrund seiner Erfahrungen.

2. Der Mitarbeiter ist bereit, Leistungen zu vollbringen, Begabungen zu entwickeln, Verantwortung zu übernehmen und sich für gesteckte Ziele einzusetzen.
3. Dem Mitarbeiter muß lediglich geholfen werden, seine Anlagen und Fähigkeiten zu erkennen und weiterzuentwickeln. Im Regelfall weicht der Mensch der Verantwortung nicht aus, sondern er sucht sie vielmehr.

Ein Menschenbild, wie es die Theorie Y bezeichnet, ist eine Denkart und Gesinnung, die auch z.B. schon Goethe gemeint hat, wenn er sagt:

„Wenn wir die Menschen nur nehmen, wie sie sind, so machen wir sie schlechter. Wenn wir sie behandeln, als wären sie, was sie sein sollten, so bringen wir sie dahin, wohin sie zu bringen sind."

2 Motivation und Führung

Inhaltsübersicht

Die quantitative und vor allem qualitative Veränderung der Tätigkeitsstruktur im Arbeitsprozeß bringt steigende Anforderungen an die Lernbereitschaft, das Leistungsvermögen und die Kooperationsfähigkeit aller Beschäftigten.

Mechanische und repetitive („determinierte") Tätigkeiten, d.h. jene Arbeitsfunktionen, die in ihrem sich vielfach wiederholenden Vollzug aufgrund klarer und eindeutiger Anweisungen in jeder Einzelheit festgelegt sind, werden vielfach durch Maßnahmen der Rationalisierung und Automation ersetzt. Dagegen haben „nicht determinierte" Tätigkeiten, bei denen das Ziel vorgegeben, die Art und Weise der Ausführung aber dem Mitarbeiter überlassen ist, an Bedeutung gewonnen. Auch „dispositive" Tätigkeiten, in denen ein Entscheidungsspielraum über Arbeitsaufgaben und Leistungsziele gegeben ist, werden umfangreicher.

2.1 Neues Führungsverhalten

Gegenüber Mitarbeitern mit steigender Qualifikation und einem wachsenden Maß selbstverantwortlichen Handelns erfordert dies entsprechende Führungsmethodik und -psychologie. Die Vorgesetzen aller Verantwortungsebenen müssen einen kooperativen Führungsstil entwickeln, d.h. die Mitarbeiter zur Entscheidungsfindung mit heranziehen bzw. ihnen einen Zuständigkeitsrahmen mit eigenem Entscheidungs- und Handlungsspielraum übertragen.

Kooperativer Führungsstil in der Arbeitsgruppe und ein Führungssystem durch Zielvorgabe und Delegation im Betrieb brauchen jedoch Mitarbeiter, die bereit und fähig sind, sich auf eine Kooperativform des Führens einzustellen. Es wächst also die Notwendigkeit, bei den Mitarbeitern sowohl funktionsbezogenes Wissen und Können als auch Selbständigkeit, Kooperationsfähigkeit und Mitverantwortlichkeit weiterzuentwickeln. Dies gilt für jede Arbeitsorganisation und jeden Leistungszusammenhang, also für Produktionsbetriebe in gleicher Weise wie für Dienstleistungsbetriebe aller Art.

Aufgaben und Probleme der Mitarbeiterführung waren in einfachen Arbeitsabläufen anzahlmäßig geringer, überschaubarer, konstanter und mehr auf den einzelnen Mitarbeiter bezogen (s. Abb. 4).

HERKÖMMLICHE AKTIONEN DES FÜHRENS

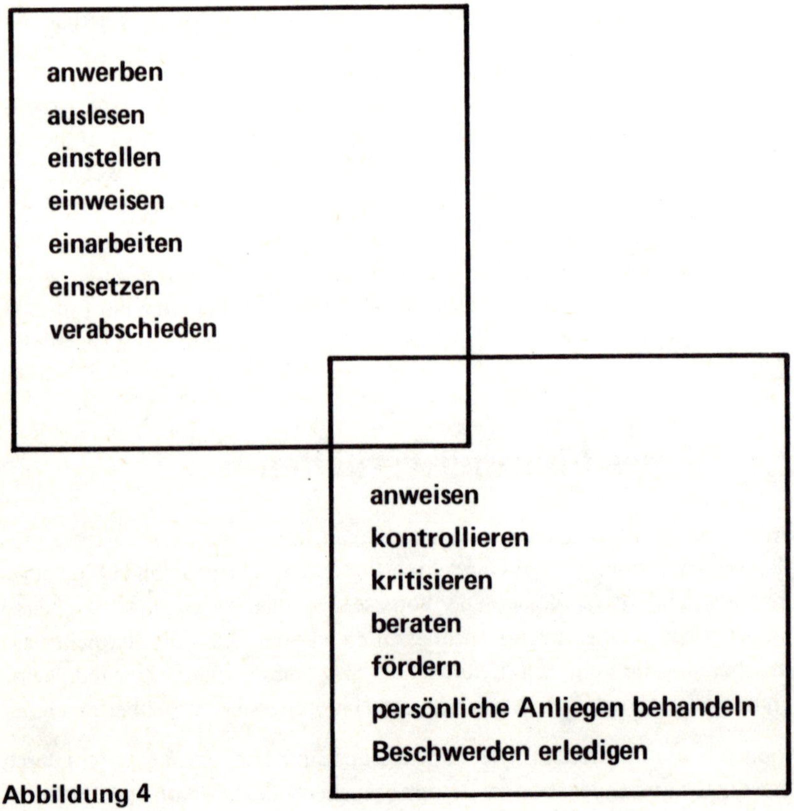

Abbildung 4

Sie sind in komplexeren Arbeitssystemen umfangreicher, differenzierter, dynamischer und gruppenbezogener geworden (s. Abb. 5).

Die Vorgesetzten aller Verantwortungsebenen benötigen immer mehr Zeit und Kraft für Führungsaufgaben.

„Mitarbeiterführung" heißt:

Ziele aufzeigen und Initiativen sowie Engagement der Mitarbeiter auf diese Ziele hin mobilisieren. Die Mitarbeiter bejahen die Führung als Bedingung ihres Leistungserfolges und wollen optimal geführt werden.

Das Funktionsbild der Arbeit in hochtechnisierten Leistungssystemen fordert immer mehr die Selbständigkeit und Mitverantwortung des Mitarbeiters.

BERUFLICHE MENSCHENFÜHRUNG HEISST:

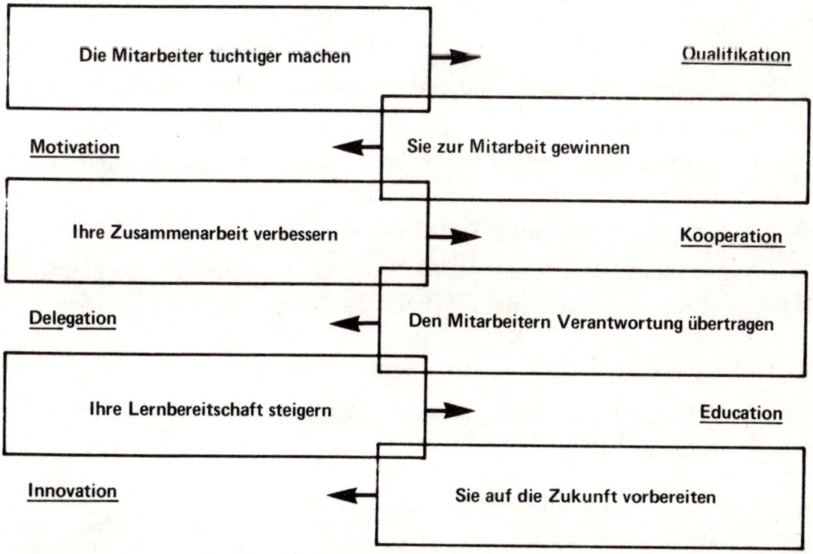

Abbildung 5

2.2 Erwartungshaltung der Mitarbeiter

In einer Arbeitstagung mit dem Thema: „Was erwarten wir als Mitarbeiter von unserer beruflichen Arbeitswelt?" stellten 25 Tagungsteilnehmer, Vorgesetzte und unterstellte Mitarbeiter, Männer und Frauen, Jugendliche und Erwachsene aus 14 verschiedenen Firmen gemeinsam folgende „Wunschliste" auf:

● **Wir möchten eine gute Führung**

Das gilt nicht nur für die Arbeitsgruppe, sondern auch für das ganze Unternehmen, insbesondere hinsichtlich der Planung und Organisation.

● **Wir möchten ausreichend informiert sein**

Wir wollen unsere Ziele kennen, wollen wissen, wie wir stehen und über alles, was uns betrifft, unterrichtet werden.

● **Wir möchten mit menschlicher Achtung behandelt werden**

Jeder hat zwar seine besonderen Fähigkeiten und Eigenarten, aber als Mensch die gleiche Würde.

● **Wir möchten einen Anreiz und eine Möglichkeit, um vorwärtszukommen**

Wir sind uns darüber im klaren, daß dazu im Wettkampf mit anderen, die ebenfalls vorankommen wollen, besondere Leistungen erforderlich sind.

● **Wir möchten ein vernünftiges Maß von Freiheit und Selbständigkeit**

Wir möchten für unsere Arbeit eigene Verantwortung übernehmen und wollen auch, daß man uns für deren Ergebnis tatsächlich verantwortlich macht.

● **Wir möchten persönliche Konflikte vermeiden**

Wir suchen Kontakt zueinander und eine anständige, gemeinsame Zusammenarbeit.

● **Wir möchten eine gewisse Sicherheit**

Wir sind daher an der Produktivität und Rentabilität des Unternehmens interessiert. Wir wissen, daß davon die Sicherheit unseres Arbeitsplatzes und eine gleichbleibende Verdiensthöhe sowie auch deren individuelle Steigerungsmöglichkeit abhängt.

- **Wir möchten angemessene Arbeitsbedingungen**

Sie sollen ebenso gut sein wie die besten Bedingungen, unter denen vergleichbare Mitarbeiter arbeiten. Das gilt auch für die Bezahlung.

- **Wir möchten nützliche Arbeit leisten**

Wir wollen das Gefühl haben, daß wir einen für den Betriebserfolg notwendigen Beitrag erbringen. Dieses Gefühl bekommen wir, wenn man uns wirklich mitdenken, mitberaten und mitwirken läßt.

- **Wir möchten fair und gerecht behandelt werden**

Das heißt, gleichmäßig und unter Berücksichtigung der jeweiligen Situation, nicht etwa schematisch nach den Buchstaben der Verordnung.

Solche Erwartungen machen deutlich, daß der Mitarbeiter hohe Anforderungen an die „Führung" stellt.

2.3 Führung durch Zielvereinbarung

Weil die Führungsaufgaben sachlich und menschlich komplexer, dynamischer und gruppenbezogener geworden sind, weil der Führende nicht immer in allen Fachgebieten seines Verantwortungsbereiches der Überlegene sein kann und Mitarbeiter zu führen hat, die aufgrund ihrer steigenden Qualifikation eigenständiger und selbstbewußter werden, kann er nicht mehr wie ehedem durch Einzelanweisungen führen. Der Führende muß „Auftragspakete" vergeben, Leistungsziele vereinbaren, deren Erreichung er dem selbständigen Arbeitsprozeß von Mitarbeitern überlassen muß.

Gerade in qualifizierteren Leistungszusammenhängen ist ein Vorgesetzter immer mehr auf das „selbständige Funktionieren" seiner Mitarbeiter angewiesen und damit nicht nur auf ihre fachliche Qualifikation, sondern auch auf ihr Verhalten, auf ihre Loyalität und Solidarität.

Mitarbeiterführung im imperativen Sinne heißt: Aufgaben stellen und dafür sorgen, daß sie erfüllt werden, Anweisungen geben und überwachen, daß sie befolgt werden.

Mitarbeiterführung im kooperativen Sinne dagegen heißt: Ziele aufzeigen und gemeinsam mit den Mitarbeitern erreichen. Das Mitarbeiterführungsprinzip „management by objectives" fordert und ermöglicht ein weitgehend selbständiges Denken und Handeln der Führungskräfte und der Mitarbeiter innerhalb ihrer Funktionsbereiche.

Es vermittelt mehr Selbständigkeit und Mitverantwortung und damit auch eine bessere Erfüllung beruflicher Erwartungen und mehr Chancen für persönliche Erfolgserlebnisse.

Führung durch Zielvereinbarung erweitert die Subjektstellung des Menschen im Betrieb und gibt mehr Raum für Selbst- und Mitbestimmung hinsichtlich der Leistungsziele und ihrer Erreichung.

2.4 Führung durch Motivierung

Wenn wir den aktiven, selbständig arbeitenden und verantwortungsbewußten Mitarbeiter brauchen und wollen, wenn der Führungs- und Kooperationsstil darauf zielen soll, innere Antriebskräfte und „Selbststeuerung" beim Mitarbeiter zu wecken und zu mobilisieren, müssen bei der Motivation Interessen, Bedürfnisse und Gefühle des einzelnen erkannt und berücksichtigt werden. Der Vorgesetzte als „Motivator" sollte nicht nur die Kooperations- und Führungsatmosphäre beobachten und pflegen, indem er sich um das zwischenmenschliche Verhalten in seinem Betrieb kümmert, er sollte auch das Organisations-„Klima" prüfen, ob neben dem rationellen Einsatz technisch-ökonomischer Mittel auch die menschlichen Bedürfnisse ihr Recht bekommen.

Schließlich tut der Vorgesetzte gut daran, bei den Aufgabenstellungen die Mitwirkungsmöglichkeiten der Mitarbeiter bei Führungsentscheidungen und ihre Selbstbestätigungs-Chancen in Erfolgserlebnissen zu beachten. Leistungsziele werden am besten erreicht, wenn die Mitarbeiter in ihrer Arbeitsaufgabe weitgehend eigene Ziele verwirklichen können und wenn Vorgesetzte und Mitarbeiter kollegial, solidarisch und partnerschaftlich zusammenarbeiten.

3 Motivation und Autorität

Inhaltsübersicht

Autorität ist zum zentralen Problem der Mitarbeiterführung geworden. Die Autoritätsproblematik erwächst aus dem

- Wandel in der Mitarbeiterqualifikation und auch in den Bedürfnissen und Erwartungen des einzelnen durch Veränderungen im Arbeitsprozeß (s. Abb. 6).
- Wandel in den Führungsanforderungen (s. Abb. 7).
- Wandel in den Autoritätsgrundlagen (s. Abb. 8).

3.1 Änderungen der Führungsautorität

- **der Führungsstruktur** durch die Entwicklung
  a) zur Kooperativform des Führens.
  Der Führende ist nicht mehr unbedingt der Überlegene.

  b) zur zahlenmäßigen Zunahme der Führungspositionen.
  Statt früher 5% werden künftig 15–20% der Mitarbeiter für Führungspositionen gebraucht.

  c) zur Konfliktlösung als Führungsmittel.
  Der Leistungserfolg wird immer mehr durch zwischenmenschliche Spannungsfelder gefährdet;

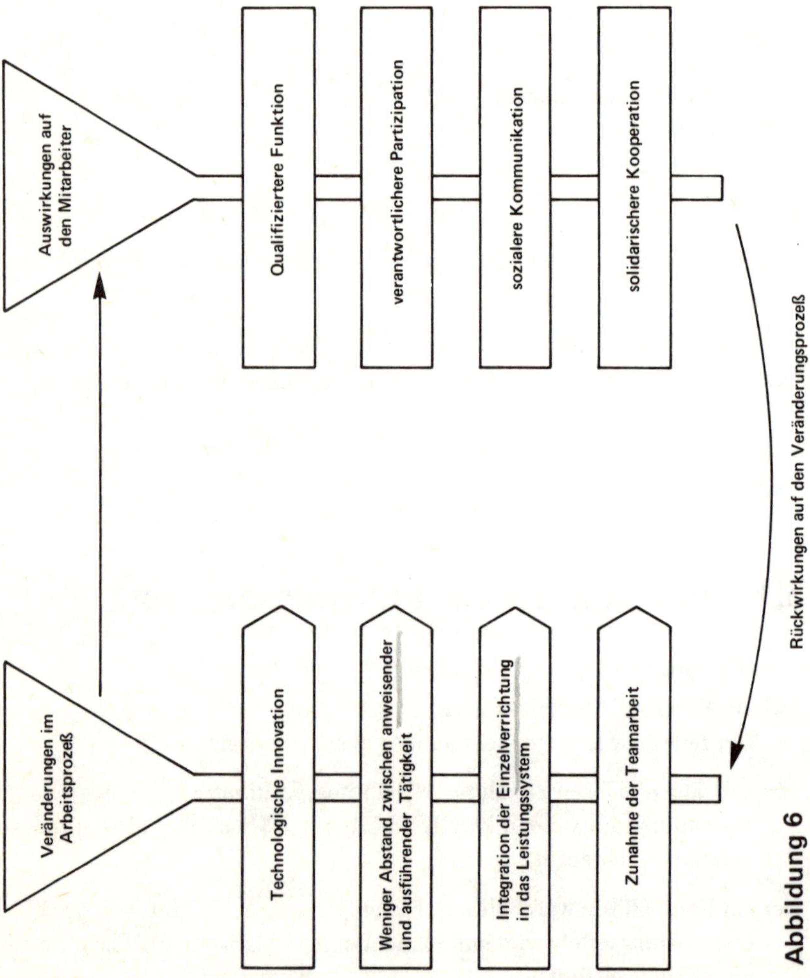
Veränderungen im Arbeitsprozeß
Technologische Innovation
Weniger Abstand zwischen anweisender und ausführender Tätigkeit
Integration der Einzelverrichtung in das Leistungssystem
Zunahme der Teamarbeit
Auswirkungen auf den Mitarbeiter
Qualifiziertere Funktion
verantwortlichere Partizipation
sozialere Kommunikation
solidarischere Kooperation
Rückwirkungen auf den Veränderungsprozeß

Abbildung 6

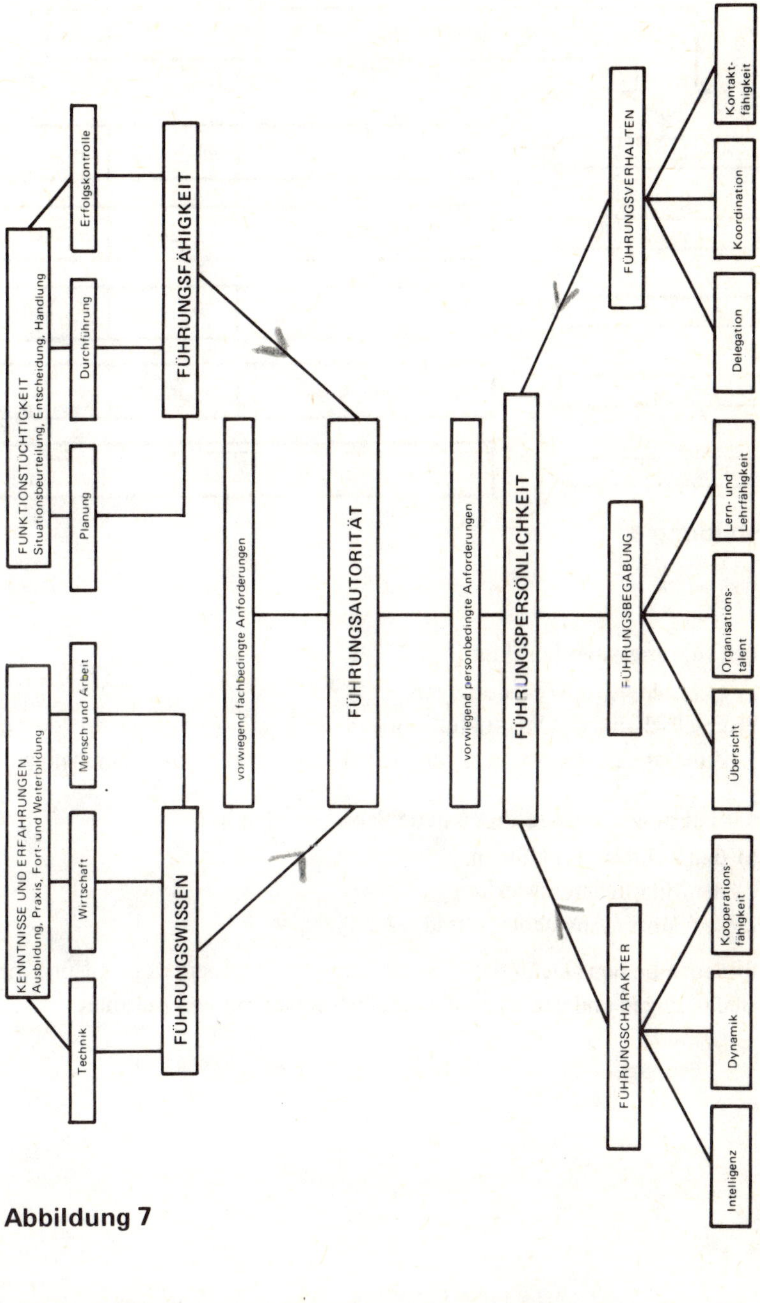
FÜHRUNGSAUTORITÄT
vorwiegend fachbedingte Anforderungen
vorwiegend personbedingte Anforderungen
FÜHRUNGSWISSEN
FÜHRUNGSFÄHIGKEIT
FÜHRUNGSPERSÖNLICHKEIT
KENNTNISSE UND ERFAHRUNGEN
Ausbildung, Praxis, Fort- und Weiterbildung
Technik
Wirtschaft
Mensch und Arbeit
FUNKTIONSTÜCHTIGKEIT
Situationsbeurteilung, Entscheidung, Handlung
Planung
Durchführung
Erfolgskontrolle
FÜHRUNGSCHARAKTER
Intelligenz
Dynamik
Kooperationsfähigkeit
FÜHRUNGSBEGABUNG
Übersicht
Organisationstalent
Lern- und Lehrfähigkeit
FÜHRUNGSVERHALTEN
Delegation
Koordination
Kontaktfähigkeit

Abbildung 7

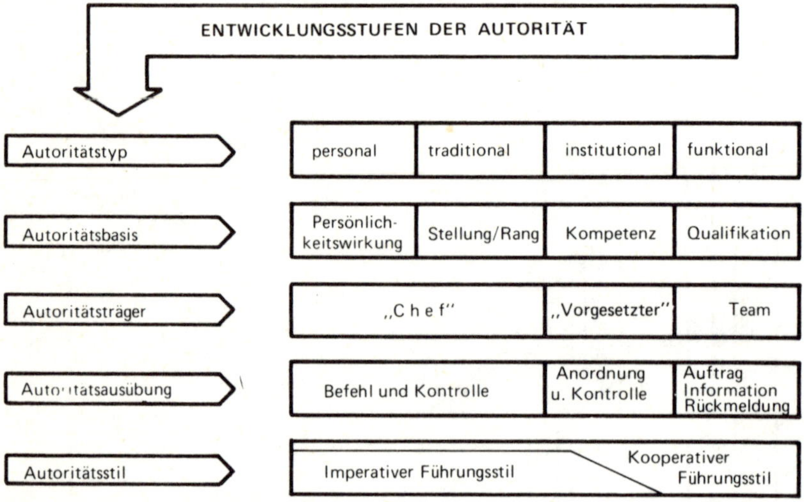

Abbildung 8

- **der Führungssituation** durch
  a) technologische Veränderungen,
  b) gesellschaftliche Umstrukturierungen,
  c) Zunahme der Erkenntnisse der Sozial- und Verhaltenswissenschaften;

- **der Führungsaufgaben** durch neue Schwerpunkte in
  a) den Führungsfunktionen,
  b) der Mitarbeiterentwicklung,
  c) der Führungspsychologie und -pädagogik;

fordern eine neue Definition des Auftrages der Mitarbeiterführung und ihrer Bedingungen und damit ein neues Selbstverständnis von Autorität.

3.2 „Service"-Autorität

Führungsautorität verliert in steigendem Maße ihren Herrschaftscharakter und gewinnt eine Art „Service-Funktion", d.h. sie hat lediglich Voraussetzungen zu schaffen, daß der einzelne und mit ihm die Gruppe sich leistungsmäßig optimal entfalten kann.

Damit kommt die ursprüngliche Bedeutung von Autorität wieder zur Geltung, die das Substantiv des Verbums augere ist, das mehren, fördern bedeutet. Der Führende aller Verantwortungsebenen wird auf die Dauer nur in dem Maße erfolgreich sein, als er seine Mitarbeiter zu deren persönlichem Erfolg führt. Führung ist und bleibt eine Wirkkraft.

Wer führt, will durch seine Einwirkung etwas bewirken. Die Imperativform des Führens wirkt durch Macht, durch „Herrschaftsautorität".

Ein kooperativ Führender wirkt durch eine zwangsfreie Autorität, durch eine Wirkung, die nicht als fremdbestimmend empfunden wird, sondern Hilfe zur Selbst- und Mitbestimmung bedeutet.

Eine solche „Service-Autorität" wird nicht nur akzeptiert, sondern bejaht und gewünscht, weil sie den Geführten hilft, zu ihrer eigenen Wirksamkeit zu gelangen.

Führungsautorität als Bedingung der Selbstentfaltung und Selbstverwirklichung des Mitarbeiters ist eine interaktionelle Eigenschaft, muß als Qualitätsmerkmal zwischenmenschlicher Sensitivität definiert und kann als kommunikative Fähigkeit gelernt sowie eingeübt werden.

3.3 Selbsterkenntnis

Selbsterkenntnis, der – wie man sagt – erste Weg zur Besserung, gewinnt für den Vorgesetzten in dem Maße eine neue Bedeutsamkeit, als seine Autoritätsaufgabe sich im Wandel befindet und neue Aspekte erhält.

Autorität, die ein selbständigeres und mitverantwortlicheres Arbeitsverhalten der Mitarbeiter erreichen will, ist weniger durch unbekümmerte Selbstsicherheit zu leisten, sondern braucht mehr Problembewußtsein des Führenden und Selbstkritik gegenüber dem eigenen Autoritätsstil.

Autorität, die mehr Menschenkenntnis und Einfühlungsvermögen in den anderen verlangt, setzt mehr Selbsterkenntnis und Sensitivität für das eigene Verhalten voraus.

Der Autoritätserfolg in differenzierteren und komplexeren Leistungssystemen hängt immer weniger vom unreflektierten „Durchsetzungsvermögen" ab, sondern benötigt die Reflexion über Technik und Psychologie der Mitarbeiterführung, zu der als ein wichtiger Bestandteil die selbstkritische Konfrontation des Führenden mit sich selbst, mit der eigenen Infrastruktur gehört.

Nur wer sich selbst kennt hinsichtlich seiner Probleme und Schwierigkeiten, seiner Unzulänglichkeiten und Fehler, kann sich entsprechend korrigieren.

Kenntnisse über sich selbst, wie man in der Sicht anderer erscheint, wie man „ankommt", könnten natürlich durch das Urteil der Mitarbeiter gewonnen werden.

Aber die Resultate solcher „Fremdbeobachtung", das „Echo" auf einzelne Autoritätsaktionen und auf das Autoritätsklima im ganzen sind oft nur unvollkommen oder gar nicht zu erhalten. Der Vorgesetzte ist daher auf Selbstbeurteilung angewiesen und gezwungen, die kritische Überprüfung seiner Autoritätsmethodik selbst durchzuführen.

Dazu können ihm Checklisten und „Verhaltensspiegel" helfen, die ein breites Spektrum von Selbstbeobachtungsdaten anbieten (s. Abb. 9).

SELBSTBEWERTUNG DES AUTORITÄTSVERHALTENS IN DER ARBEITSGRUPPE
(Stufen Sie sich selbst auf den folgenden Skalen ein)

	0 1 2 3	4 5 6 7
Wie drücke ich meine Gedanken aus?	sehr unklar	außerordentlich klar
Wie höre ich anderen zu?	mit wenig Verständnis u. Aufgeschlossenheit	sehr verständnisvoll und aufgeschlossen
Wie trage ich meine Ideen vor?	mit geringer Überzeugungskraft	absolut überzeugend
Wie bleibe ich beim Besprechungsthema?	wenig konsequent	mit großer Konsequ.
Wie ist meine Grundeinstellung gegenüber anderen?	mißtrauisch	vertrauensvoll
Wie offenbare ich meine „Gefühle" in einer Sache?	zurückhaltend	ganz offen
Wie beuge ich mich dem Willen anderer?	äußerst widerwillig	bereitwillig
Wie ist mein Drang „Häuptling" in der Gruppe zu sein?	kaum nennenswert	sehr stark
Wie verhalte ich mich anderen gegenüber?	kühl	herzlich
Wie beeindrucken mich Bemerkungen anderer über meine Meinung und Verhaltensweise?	gar nicht	beeinflussend
Wie fühle ich mich in die Situation anderer ein?	keinerlei Sensitivität	weitgehendes Verständnis
Wie reagiere ich auf Widerspruch und Widerstand in der Gruppe?	resignierend	kämpferisch
Wie ist mein Beitrag zum produktiven Denken in der Gruppe?	unbedeutend	besonders positiv
Wie toleriere ich entgegengesetzte Meinungen?	intolerant	ausgesprochen toler.

Anmerkung:
Wenn Sie sich selbst eingestuft haben, können Sie sich durch Ihre Mitarbeiter beurteilen lassen. Ein Beurteilungsvergleich gibt Ihnen sicherlich beachtenswerte Hinweise.

Abbildung 9

4 Motivation und Kreativität

Inhaltsübersicht

Kreativität ist die Fähigkeit, Ideen zu produzieren, die im wesentlichen neu sind und demjenigen, der sie produziert hat, vorher unbekannt waren.

Wer etwas zu erforschen oder zu entwickeln hat, wer Probleme zu lösen und Konflikte zu steuern hat, wer vor dringlichen Motivationsaufgaben steht, dem muß etwas einfallen. Er benötigt seine Einfälle nicht irgendwann, sondern sofort oder bis zu einem bestimmten Termin.

Gibt es Verfahrenswege, Systeme, um Ideen zu produzieren, und sind diese lehrbar?

Ist zu lernen, wie man verschiedene, ungewohnte und unzusammenhängende Elemente zu einer neuen Konzeption verbindet und vereint?

Kann man die Fähigkeit erwerben, Informationen anders als sonst üblich zu kombinieren?

4.1 Erkenntnisse

Die noch junge wissenschaftliche Kreativitätsforschung und die Trainingserfahrungen beweisen:

- Jeder Mensch hat in unterschiedlichen Ausprägungsformen ein kreatives Potential, das jedoch wenig ausgeschöpft, sondern durch Erziehung, Ausbildung und Umwelt eher blockiert wird.

- Kreatives Denken und Verhalten kann durch Training, d.h. Erlernen von kreativitätssteigernden Denkmethoden und Verhaltensformen, gefördert werden.
- Die Art der Spielregeln in einer Organisation (Organisationsstruktur, Führungsstil, Motivationssystem) bestimmt wesentlich die kreative Leistungsfähigkeit der einzelnen Mitarbeiter bzw. der Gruppen.

Kreativität ist also letztlich eine Lern- und Führungsaufgabe.

4.2 Methoden

Kreativitätstechniken sind inzwischen eine ganze Menge entwickelt und erprobt worden.

Die drei bekanntesten sind:

- Brainstorming
  (Methode zur Stimulation kreativen Denkens)
- Morphologische Analyse
  (Lösungsfindung durch systematische Strukturierung)
- Synectics
  (Methode der schöpferischen Konfrontation)

4.2.1 Brainstorming

Diese seit 30 Jahren praktizierte, wohl bekannteste Kreativitätstechnik wurde von Osborn entwickelt. Die „Ideenfindungssitzung" einer Gruppe dient dazu, einen Katalog von Ideen zu entwickeln, die zur Lösung eines Problems beitragen sollen. Die Technik besteht darin, möglichst viele Ideen zur Problemlösung dadurch zu gewinnen, daß eine Beurteilung eigener oder fremder Ideen bei der Sitzung nicht erlaubt ist.

Regeln

Die vier Grundregeln für ein Brainstorming lauten nach Osborn:

1. Kritik ist verboten.
2. Lassen Sie Ihren Gedanken freien Lauf, je spontaner, ausgefallener, ungewöhnlicher, verschrobener, unorthodoxer, skurriler eine Idee ist, desto besser. Jede Idee wird begrüßt.
3. So viele Ideen wie nur möglich.
4. Die Ideen anderer aufnehmen und weiterentwickeln.

Man unterscheidet beim Brainstorming drei Phasen:

1. Phase: Ideen „abfeuern" (Protokoll)
2. Phase: Ideen ventilieren (Check-Liste)
3. Phase: Ideen bewerten (Gliederung)

Ventilierungen

Bei der Phase 2 schlägt Osborn vor: Prüfen Sie jede einzelne Idee nach den folgenden Kriterien:

1. Anders verwenden – Wie kann die geäußerte Idee anders verwendet werden? Welchen Gebrauch kann man von der Idee noch machen?
2. Anpassungen – Was ist so ähnlich wie die geäußerte Idee? Welche Parallelen lassen sich ziehen? Läßt sich die Idee gruppieren? Auf welche anderen Ideen weist sie hin? Zeigt die Vergangenheit eine Parallele? Wem könnte man nacheifern?
3. Änderungen – Kann man Bedeutung, Farbe, Bewegung, Klang, Geruch, Form, Größe usw. verändern bzw. umgestalten?
4. Vergrößerungen – Was kann man hinzufügen? Mehr Zeit? Größere Häufigkeit? Stärke? Höhe? Länge? Dicke? Verdoppeln? Multiplizieren? Vervielfältigen? Übertreiben?
5. Verkleinerungen – Was kann man wegnehmen? Kleiner? Kondensierter? Tiefer? Kürzer? Heller? Weglassen? Aufspalten? Untertreiben?

6. Ersetzungen – Was kann man an der geäußerten Idee ersetzen? Wer oder was kann an ihre Stelle treten? Kann man anderes Material verwenden? Kann man den Prozeß anders gestalten? Andere Kraftquellen? Andere räumliche Bedingungen schaffen? Andere Stellungen und Positionen? Andere Tonlagen?
7. Umstellungen – Kann man Teile oder ganze Passagen austauschen? Andere Strukturen einfügen? Andere Reihenfolge setzen? Kann man Ursache und Folge austauschen? Läßt sich die Geschwindigkeit verändern? Kann man einen Plan verändern?
8. Umkehrung – Läßt sich Positiv und Negativ austauschen? Wie steht es mit dem Gegenteil? Kann man es rückwärts bewegen? Kann man die Positionen vertauschen? Kann man es völlig umdrehen?
9. Zusammenfassungen – Kann man Einheiten kombinieren? Kann man Absichten in Verbindungen bringen? Kann man Ideen bzw. Personen in Beziehungen setzen? Wie steht es um eine Mischung, Legierung, Zusammenstellung, Vereinigung?

Bewertungen

In der Phase 3 empfiehlt sich, die Ideensammlung in vier Gruppen zu gliedern:

1. Sofort auswertbare Ideen,
2. später auswertbare Ideen,
3. noch einmal neu zu durchdenkende Ideen,
4. unbrauchbare Ideen.

Erfahrungsgemäß bringt eine Brainstorming-Sitzung von 20 bis 30 Minuten zwischen 60 und 120 Ideen. Davon sind im allgemeinen etwa 10% neu und praktikabel.

4.2.2 Morphologische Analyse

Morphologische Analyse oder die Methode des Morphologischen Kastens ist eine von Zwicky entwickelte Technik, mit einem Minimum an Arbeit und Zeit zu einem Optimum von Lösungen gegebener Probleme zu gelangen und dabei zugleich neue Probleme zu entdecken.

Zwickys Anspruch ist als „Spezialist des Unmöglichen" außerordentlich hoch.

Er will dem blinden Zufall den Garaus machen, indem er im „Morphologischen Kasten" die Gesamtheit aller möglichen Lösungen sichtbar machen will.

Er schreibt dazu:

„Unter den verschiedenen von der Morphologischen Forschung entwickelten Methoden ist es besonders die Konstruktion und Auswertung des Morphologischen Kastens, die dieser Art von universeller Forschung ihre größte Tiefe und Durchschlagskraft verleiht und mit erstaunlicher Sicherheit zu Entdeckungen und Erfindungen, zur Erweiterung unserer Kenntnisse über das Wesen und die Zusammenhänge aller materiellen Gebilde, der sie beherrschenden physikalischen, chemischen und biologischen Phänomene sowie der Vorgänge in der den Menschen eigenen Gedankenwelt Anlaß gibt."

Konstruktive Schritte

Die Konstruktion eines Morphologischen Kastens und die Auswertung der in ihm enthaltenen Informationen geht folgendermaßen vor sich:

1. Schritt:
Genaue Umschreibung oder Definition sowie zweckmäßige Verallgemeinerung eines vorgegebenen Problems.

2. Schritt:
Genaue Bestimmung und Lokalisierung aller die Lösung des vorgegebenen Problems beeinflussenden Umstände, d.h. mit anderen Worten, Studium der Bestimmungsstücke, oder wissenschaftlich ausgedrückt, der Parameter des Problems.

3. Schritt:
Aufstellung des Morphologischen Kastens oder des Morphologischen vieldimensionalen Schemas, in dem alle möglichen Lösungen des vorgegebenen Problems ohne Vorurteile eingeordnet werden.

4. Schritt:
Analyse aller im Morphologischen Kasten enthaltenen Lösungen aufgrund bestimmter gewählter Wertnormen.

5. Schritt:
Wahl der optimalen Lösung und Weiterverfolgung derselben bis zu ihrer endgültigen Realisierung oder Konstruktion.

Beispiel zur morphologischen Analyse:

PHASE 1: Problem: Wie kann man ein bestimmtes Objekt mit einem Auto von einem Ort A zu einem Ort B bringen?
Verallgemeinerung:
Wie kann man ein Ding von einem Ort zu einem anderen bewegen, indem man ein irgendwie geartetes Fahrzeug benutzt?

PHASE 2: Parameter 1: Typ des Fahrzeugs
Parameter 2: Medien, in denen ein Fahrzeug operieren kann
Parameter 3: Kraftquelle des Fahrzeugs

PHASE 3:

Parameter	Ausprägungen			
Typ	Schiff	Flugzeug	Auto	....
Medium	Luft	Wasser	Öl	....
Kraftquelle	Druck	Strom	Atomkraft	Magnetfeld

PHASE 4: Analyse aller möglichen Lösungen z.B. elektrisch angetriebenes Luftkissenauto
Bewertung der Lösungen gemäß Wertsystem

PHASE 5: Auswahl der besten Lösung und Entwicklung einer Realisationsstrategie

Morphologischer Kasten

Kernstück der morphologischen Analyse ist die Erstellung des morphologischen Kastens (3. Schritt), die allerdings nur möglich ist, wenn für die Problemlösung nur drei Parameter wichtig sind.

Die möglichen Ausprägungen der drei Parameter werden in je einer Dimension des morphologischen Kastens eingetragen. Jeder Würfel des Kastens entspricht einer Kombination möglicher Ausprägungen der Parameter und stellt somit eine Lösung des Problems dar. Die Anzahl aller Lösungen ergibt sich aus der Multiplikation aller möglichen Ausprägungen der drei Parameter.

Sind mehr als drei Parameter vorhanden, ist eine graphische Darstellung nicht mehr möglich. Es ist dann eine Matrix aufzustellen, in der die Zeilen die Ausprägungen der Parameter darstellen. Jedes Element einer Zeile kombiniert mit irgendeiner Zusammenstellung der Elemente der anderen Zeilen stellt eine Lösung des Problems dar (s. Abb. 10).

Kreative Systematik

Die morphologische Analyse hat deshalb als Kreativitätstechnik große Bedeutung gewonnen, weil

- durch die Verallgemeinerung des Problems Lösungsbereiche berücksichtigt werden, die neue und überraschende Kombinationen zwischen den Elementen ermöglichen,
- die Suche nach Lösungen nicht abgebrochen wird, sobald die erste befriedigende Lösung gefunden wurde. Es wird vielmehr die optimale Lösung gesucht,
- der Problemlösungsprozeß eine enorme Systematisierung erfährt,
- ein hohes Maß an Sicherheit besteht, da keine wesentlichen Aspekte unberücksichtigt bleiben.

Es gibt allerdings auch einen entscheidenden Nachteil der morphologischen Analyse:

Bei sehr komplexen Problemen wird sie leicht unübersichtlich und unpraktikabel.

4.2.3 Synectics

Synectics heißt eine Kreativitätstechnik, die Gordon entwickelt hat. Der Begriff kommt aus dem Griechischen „Synechie", d.h. Zusammenhang. Die synectische Methode betrifft in besonderem Maße „Das Verbinden und Vereinen ungewohnter, auf den ersten Blick unzusammenhängender Elemente" (s. Kreativitätsdefinition).

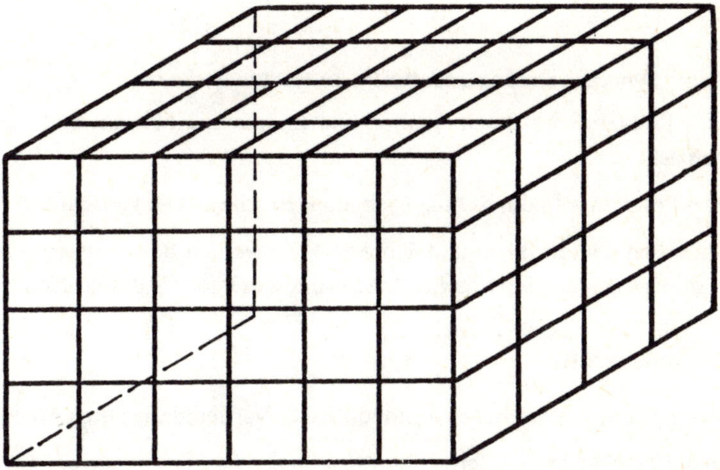

Morphologischer Kasten

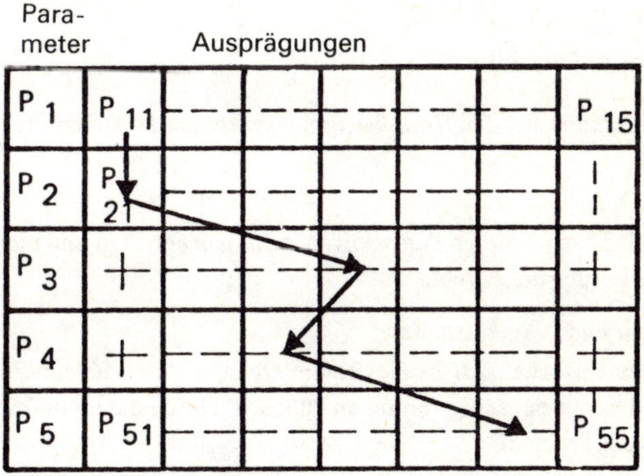

Morphologisches Schema mit 5 Parametern
mit je 5 Ausprägungen

Abbildung 10

Verfahrensweise

Bei einer Synectics-Sitzung sind drei Phasen zu unterscheiden:

1. Das Problem wird durch Analyse und Erläuterung bekannt und vertraut gemacht.
2. Das Problem wird durch Analogiebildungen schrittweise verfremdet.
3. Zwischen dem Problem und den Analogien werden Beziehungen gesucht, was zu neuen und überraschenden Lösungsansätzen für das Problem führt.

Verfremdungen

Schwerpunkt der synectischen Methodik ist die Verfremdung durch Analogien.

Man unterscheidet vier Arten:

1. Direkte Analogien,
2. persönliche Analogien,
3. symbolische Analogien,
4. Phantasie-Analogien.

Schöpferischer Prozeß

Nach Gordon werden bei den Synectics fünf Aspekte des kreativen Prozesses berücksichtigt:

1. Aufschub:

Es wird zunächst nach anderen Perspektiven Ausschau gehalten und nicht unmittelbar eine Lösung angestrebt.

2. Engagement und Losgelöstheit:

Der Synectiker versucht, sich in die Besonderheiten des Problems hineinzudenken und sich gleichzeitig von ihnen zu lösen. Durch die Identifizierung verfremdet er das Problem.

3. Verwendung von Metaphern:

Durch scheinbar zufällige, irrelevante Dinge läßt sich der Synectiker zu Analogien anregen, die wiederum Quellen neuer Gesichtspunkte sind.

4. Autonomie des Gegenstandes:

Das Problem nimmt im Kopf des Synectikers eigene Gestalt an. Er sieht Problemverknüpfungen.

5. Verwendung des Allgemeinen:

Als Einstieg in das Unbekannte wird das Bekannte und Vertraute gewählt.

5 Motivation und Entscheidung

Inhaltsübersicht

Kein Tag im Leben eines Menschen vergeht ohne eine Anzahl von getroffenen Entscheidungen.

Kein Tag im Leben einer betrieblichen Führungskraft vergeht ohne getroffene Entscheidungen von häufig großer Bedeutung. Trotzdem ist die Wissenschaft der Entscheidungsbildung jüngeren Datums und die Schulung in dieser Disziplin innerhalb der Betriebe in der Vergangenheit vernachlässigt worden.

5.1 Entscheidungsverhalten im Mittelpunkt

War noch vor zehn Jahren die Entscheidungsbildung als Titel in betriebswirtschaftlichen Standardwerken kaum zu finden, so kann man heute z.B. in einem der neuesten Werke lesen: „Die betriebswirtschaftliche Lehre stellt in immer stärkerem Maße das menschliche Entscheidungsverhalten auf allen Ebenen der betrieblichen Hierarchie und in allen Teilbereichen der Betriebswirtschaft in den Mittelpunkt ihres wissenschaftlichen Bemühens. Ausgangspunkt für die Schaffung eines einheitlichen Rahmens und die damit verbundene Erklärung und Gestaltung betriebswirtschaftlicher Probleme ist der Entscheidungsprozeß mit den Phasen der Willensbildung und Willensdurchsetzung ... Die Betriebswirtschaftslehre stellt die Entscheidung lediglich deshalb in den Vordergrund, weil diese letztlich für alle ausführenden Tätigkeiten bestimmend ist."

(E. Heinen: Industriebetriebslehre, Betriebswirtschaftlicher Verlag Gabler, 6. Aufl., 1978)

Wissenschaft und Praxis konzentrieren sich mehr und mehr auf die Entscheidungsbildung, die Veröffentlichungen werden häufiger, ebenso die Ankündigungen von Seminarvorhaben in Industrie und Verwaltung.

5.2 Entscheidungsfaktoren

Entscheidungsbildung wird in zweifacher Hinsicht erforscht und gelehrt:

1. als Entscheidungspsychologie, -verhalten,
2. als rationale Systematik im Entscheidungsprozeß.

Der verhaltenspsychologische Aspekt betrifft den Entscheider selbst, die „inneren" Faktoren, die auf den Entscheidungsakt Einfluß nehmen (s. Abb. 11).

Als Beispiele systematischer Entscheidungsfindung sei auf die nachfolgenden Schemata verschiedener Autoren verwiesen (s. auch Checkliste zu drei Phasen der Entscheidungsfindung).

5.3 Zwei mal sechs Stufen im Entscheidungsprozeß

1. Das Problem erkennen
2. Die Dringlichkeit der Entscheidungen bestimmen
3. Sammlung der Daten
4. Lösungsmöglichkeiten bestimmen
5. Entscheidung treffen und Maßnahmen durchführen
6. Kontrolle der Entscheidung (s. Schneider, W.: „Richtig führen im Büro", München 1972)

1. Zielvorstellungen entwickeln
2. Fakten sammeln und auswerten
3. Alternativen erwägen
4. Risiken einkalkulieren
5. Entscheidung treffen
6. Entscheidung durchführen (s. Filmfallstudie: „Entscheidungstraining", München 1978)

Beispiele infrastruktureller Gegensätze als entscheidungspsychologische Einflußfaktoren

Rationalität – Emotionalität

Härte – Nachgiebigkeit

Eigenwilligkeit – Beeinflußbarkeit

Vorsicht – Wagemut

Alleingänge – Kooperation

Enge – Großzügigkeit

Konservativität – Progressivität

Angriffslust – Gutmütigkeit

Pessimismus – Optimismus

Mißtrauen – Vertrauen

Abbildung 11

5.4 Die sieben Stufen eines Entscheidungsverlaufes

1. Entdeckung (und Formulierung) des Problems
2. Informationssuche nach Daten zur Lösung
3. Planung von Lösungs-Alternativen
   - Erfinden
   - Entwickeln
   - Analysieren

   möglicher Vorgehensweisen
4. Auswahl einer zur Problemlösung
   - geeignetsten
   - gangbarsten

   Alternative (Entschluß)
5. Anregung dieser Alternative durch
   - instruierende
   - motivierende

   Informationen an realisierbaren Positionen
6. Realisierung der Entscheidung (ausführende, exekutive Phase) = Exekution
7. Kontrolle der
   - Ausführung bzw. der
   - Ergebnisse der Realisierung der Alternative
   - Vergleich der Implementationen mit Ausführung bzw.
   - Vergleich der Plan-Alternative und Ergebnisse mit den tatsächlich eingetretenen Ergebnissen = Evalution

   (s. Irle, M.: „Führungsverhalten in organisierten Gruppen", Handbuch der Psychologie, Bd. 9, Göttingen 1970).

5.5 Drei Phasen der Entscheidungsfindung (eine Checkliste)

Phase I: Problemanalyse

Phase II: Ausarbeitung von Lösungsmöglichkeiten und Auswahl des Lösungsweges

Phase III: Durchführung des Lösungsweges

Phase I (5 Schritte):

1. Erfassen von Fehlern
   - Wo sind Verbesserungen notwendig?
   - Wo können bessere Ergebnisse erzielt werden?

   Dazu 3 Vorfragen:
   - Was weiß ich über das Leistungspotential meiner Mitarbeiter und über die Leistungskapazität meiner technischen Mittel?
   - Wie groß ist die Differenz zwischen derzeitiger Leistung und der optimalen Leistungsmöglichkeit?
   - Wie intensiv ist das Leistungsinteresse aller Beteiligten?
2. Erkennen der Tatsachen
   - An wen und wie und über was stelle ich Fragen?
   - Wie kann ich die erhaltenen Informationen noch „hinterfragen"?
3. Finden der Ursachen des Problems
   - Wurde falsch gehandelt?
   - War die Handlungsmethodik unzulänglich?
   - Wurde etwas verändert?
   - Wurde etwas versäumt?
   - Wie unterscheidet sich die jetzige Situation von der Situation vor dem Auftreten des Problems?
4. Lösungsziel definieren
   - Was soll erreicht werden?
   - Was soll mit welchen technisch-ökonomischen Mitteln erreicht werden?
   - Was soll mit welchen Mitarbeitern erreicht werden (Quantität und Qualität)?

– Fortsetzung nächste Seite –

– Fortsetzung –

5. Lösungshemmnisse einkalkulieren
   - Welche technischen Schwierigkeiten oder Grenzen hemmen die Problemlösung?
   - Welche Schwierigkeiten oder Grenzen hinsichtlich der Mitarbeiter hemmen die Problemlösung?
   - Welche sonstigen unabänderlichen Tatsachen hemmen die Problemlösung?

Phase II (2 Schritte):

1. Alternativlösungen ausarbeiten
   - Orientiere ich mich an meinen bisherigen Erfahrungen?
   - Orientiere ich mich an der bisherigen Erfahrung anderer?
   - Suche ich neue Wege?
   - Suche ich zusammen mit meinen Mitarbeitern neue Wege?
   - Ziehe ich Innovations-Experten zu Rate?
2. Alternativlösungen analysieren
   - Wird die Alternativlösung dem Ziel gerecht?
   - Wird die Alternativlösung eine Wiederholung der eingetretenen Situationen verhindern?
   - Berücksichtigt die Alternativlösung alle vorhandenen (oder zu erwartenden) Hemmnisse und Grenzen?
   - Wo können bei der Durchführung Schwierigkeiten auftreten und wie sind sie zu vermeiden oder zu überwinden?

Phase III (4 Merkmale eines Aktionsplanes):

1. Kritische Überprüfung der Risiken
   - Warum gerade diese Verfahrensweise?
   - Welche Fehlermöglichkeiten?
   - Welche kalkulierbaren Schwierigkeiten?
   - Welche unkalkulierbaren Gefahren?

– Fortsetzung nächste Seite –

- Fortsetzung -

2. Entscheidung über das Verfahren
   - Wer soll was mit welchen Mitteln tun?
   - Welche Kompetenzen haben die Funktionsträger?
   - Welche Zwischenziele sind vorgegeben?
   - Welche Inhalte und Formen der Kontrolle?

3. Informationen an Beteiligte und Betroffene
   - Wer muß über was informiert werden?
   - Wann müssen die Informationen erfolgen?
   - Ist allen das Verfahren hinreichend erklärt?
   - Ist die Begründung für die Entscheidung über das Verfahren hinreichend akzeptiert?
   - Wissen die einzelnen, ob und welche Vorteile sie von der Lösung des Problems haben?
   - Wissen die einzelnen, was von ihnen bei der Durchführung des Lösungsweges erwartet wird?

4. Beteiligung der Mitarbeiter
   - Was tue ich, wenn ich meine Mitarbeiter an der Entscheidung nicht mitwirken lassen konnte?
   - Wie kann ich sie von meiner Entscheidung überzeugen?
   - Wie verhalte ich mich, wenn ich auf Mißtrauen oder Ablehnung stoße?
   - Kann ich nicht doch vor meiner Entscheidung meine Mitarbeiter konsultieren?
   - Wie verhalte ich mich, wenn es Schwierigkeiten gibt?
   - Kann ich partizipativ führen, d.h. meine Mitarbeiter wirklich mit entscheiden lassen?
   - Wie verhalte ich mich, wenn meine Mitarbeiter eine Entscheidung wollen, die ich nicht verantworten kann?

(Diese Checkliste wurde angeregt durch die Entscheidungsfindungs-Systematik von Kurt K. Scanlan in: „Führungstechnik für Manager", München 1970)

6 Motivation und Gruppendynamik

Inhaltsübersicht

Eine Gruppe nennen wir die Ansammlung von Menschen, die in direkter Kommunikation zueinander stehen.

Gruppen sind soziale Gebilde, deren Mitglieder sich zusammengehörig, aufeinander angewiesen und voneinander abhängig wissen und fühlen.

Dynamik heißt Kräftespiel.

Gruppendynamik ist die Disziplin der Sozialpsychologie, die sich mit dem Kräftespiel in Gruppen befaßt.

Kräfte werden auf den verschiedenen Ebenen der gruppendynamischen Kommunikation wirksam (s. Abb. 12).

6.1 Probleme der Emotionalität

Am schwierigsten erkenn- und steuerbar sind die Kräfte der emotionalen Bereiche.

Dazu gehören:

- Bedürfnisse
- Befürchtungen, Ängste

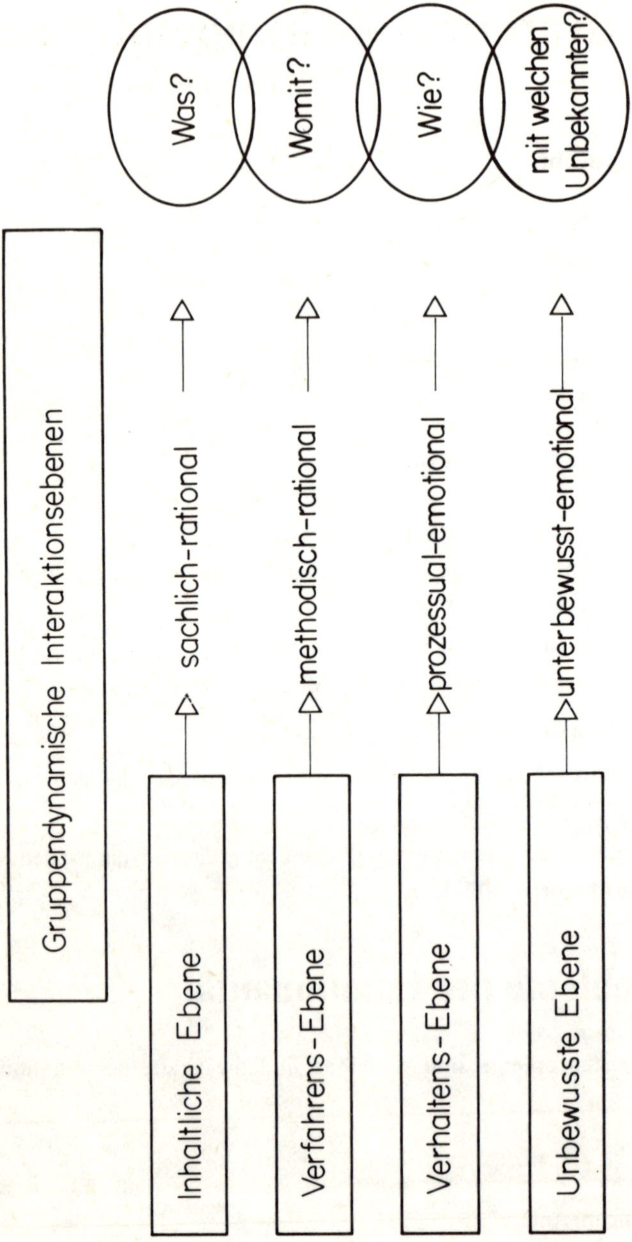

Abbildung 12

- Erwartungen, Hoffnungen
- Geltung, Einfluß, Macht
- Konventionen, Gesetze, Normen
- Persönlichkeitsstrukturen, d.h.:

zum Beispiel

eine depressive	=	anlehnungssuchende,
eine zwanghafte	=	auf Sicherheit bedachte,
eine aggressive	=	auf Abwehr eingestellte,
eine hysterische	=	auf Beachtung ausseiende

Dominanz in der zumeist unterbewußten Persönlichkeitsschicht. In der Gruppe bilden sich Merkmale, welche von den Mitgliedern entweder übernommen oder selbst entwickelt werden und in denen sie sich von anderen Gruppen abhebt oder unterscheidet. Betriebspsychologie und -soziologie unterscheiden zwischen formellen und informellen Gruppen.

6.2 Formelle Gruppen

Formelle Gruppen sind Kooperationseinheiten, die in ihrer Größe, Zusammensetzung und Dauer des Bestehens von der Organisationsstruktur des Betriebes und vom Arbeitsablaufprogramm abhängen.

In den formellen Gruppen werden Zielsetzung, Information und Koordination von „oben" (Betriebshierarchie) bestimmt und gesteuert.

6.3 Informelle Gruppen

Informelle Gruppen entstehen spontan und sind von seiten der Betriebsorganisation nicht planbar. Sie bilden sich durch gleiche Tätigkeit und räumliche Nähe im Arbeitsprozeß, durch gleiches Alter oder landsmannschaftliche Herkunft, durch einen gemeinsamen Weg zum Betrieb oder durch ein gemeinsamens Hobby usw. Ihre Mitglieder verbinden sich quer durch die formellen Gruppen hindurch.

Solche Gruppierungen können inaktiv und kaum bewußt sein, sich aber in einer bestimmten Situation aktivieren, sie können den Arbeitsprozeß sowohl fördern als auch hindern.

In jeder informellen Gruppe gibt es einen informellen „Führer".

6.4 Die Clique

Die Clique ist eine Sonderform der informellen Gruppen, die sich gegenüber anderen informellen Gruppen abschließt und einen Fremdkörper in der formellen Organisations- und Sozialstruktur des Betriebes darstellt. Sie kann in sich sehr leistungsintensiv, aber auch extrem leistungsschwach sein. Zumeist verfolgt sie betont gruppenegoistische Interessen und wirkt gegenüber übergeordneten Interessenszusammenhängen störend oder destruktiv. Eine Clique entsteht oft durch die aggressive oder resignative Solidarität von „Frustrierten".

6.5 Gruppeneinfluß auf die Arbeitsleistung

Ein Mehr an Leistung kommt in der Regel zustande, wenn

- die Gruppe gut geführt ist,
- der Gruppenführer ein hohes Persönlichkeits- und Leistungsniveau besitzt,
- ein kooperatives Zusammenarbeiten besteht,
- die Gruppenmitglieder sich durch Partizipation an den Führungsentscheidungen mit den Leistungszielen identifizieren,
- die Gruppe sich auszeichnen will,
- eine gruppenbezogene Entlohnungsform vorliegt.

Eine Leistungshemmung kann beobachtet werden, wenn

- durch autoritäre Führung die Gruppe in Opposition oder Resignation verfällt,
- eine starke informelle Gruppierung eine Leistungssteigerung nicht wünscht,
- Spannungen und Konflikte in der Gruppe vorhanden sind,
- ein Nebeneinander in der Arbeit besteht,
- Interessen der Gruppe und des Betriebes sich zuwiderlaufen,
- die Leistungsnorm (z.B. Akkord) nicht „verdorben" werden soll.

6.6 Das Soziogramm

Das Soziogramm ist eine Methode der Analyse des Gruppengeschehens, die sich der graphischen Darstellung bedient. Beobachter zählen die Wortergreifungen, registrieren die Wortnahmen, die für den Interaktionsprozeß und sein Ergebnis bedeutsam und wirksam sind, halten fest, wenn zwischen Gruppenmitgliedern Verbündungen (Konsens) und Gegensätze (Dissens) entstehen, und verfolgen, wie sich die Konstellationen zwischen den Beteiligten evtl. ändern und sich eine meinungs- und entscheidungsbestimmende Gruppierung in der Gruppe entwickelt (s. Abb. 13). In unserem Beispiel hat E sich mit D verbündet und ein Gegengewicht gegen B gebildet, der von vornherein „das große Wort" führte und sich mit E und A „anlegte".

E gelang es, A auf seine Seite zu ziehen, wobei ihn D unterstützte.

C spielte für das Ergebnis der Interaktion keine Rolle, er verstärkte lediglich den E-D-A-Block, nachdem D ihn noch als Verbündeten gewann.

B war schließlich isoliert und wurde überstimmt.

Im Anfang sah es fast so aus, als würde es B gelingen, A für seine Auffassung zu gewinnen. Er „verprellte" A jedoch etwa in der Mitte der Interaktionszeit und trug dazu bei, daß sich A, E und D verbündeten.

6.7 Gruppendynamische Rollen

Das Beispiel dieses Soziogramms zeigt die typischen Rollen, die in der Gruppe auftreten, und die in der Gruppendynamik mit Buchstaben des griechischen Alphabetes gekennzeichnet werden.

E hat sich während der Beobachtungszeit als Alpha +, als siegreicher Wortführer profiliert.

B geriet in die Situation des Alpha –, d.h. des starken Gegners, der jedoch unterliegt.

D übernahm als „Gefolgsmann" des E die Gamma-Rolle, während A als Beta kritisch abwägend und als „Zünglein an der Waage" fungierte.

GRUPPENDYNAMISCHES SOZIOGRAMM

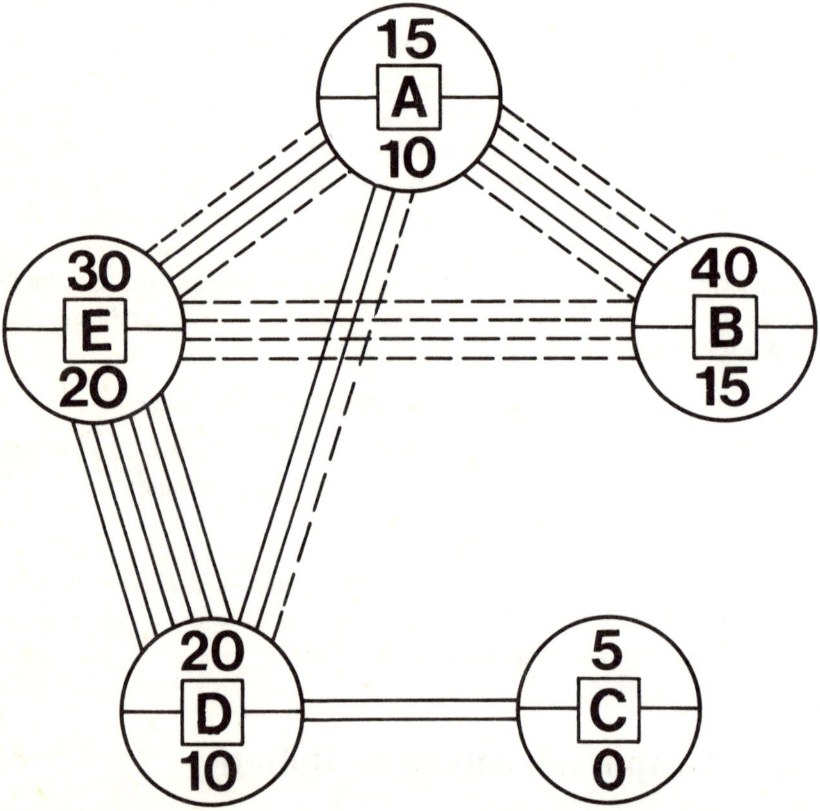

Gruppenmitglieder	(Kreise)
Wie oft ergreift der einzelne das Wort?	(obere Zahl)
Wie viele Wortnamen sind wirksam?	(untere Zahl)
Wer verbündet sich mit wem?	(Linien)
Zwischen wem entstehen Gegensätze?	(durchbrochene Linien)
Wie oft und auf welche Weise ändern sich die Konstellationen?	**Abbildung 13**

C blieb Omega, d.h. Außenseiter im Interaktionsprozeß (s. Abb. 14).

Rollenfunktionen sind nicht statisch und in jeder Situation festgelegt, sondern dynamisch und können von Situation zu Situation verschieden sein.

Innerhalb eines Interaktionsprozesses kann eine Rolle sich wandeln und ein Rollenaustausch stattfinden.

6.8 Bedeutung der Gruppendynamik

Gruppendynamik gibt es immer. Sie existiert, ob der Führende sie erkennt oder nicht, ob er sie wahrhaben will oder nicht. Sie hat jedoch in der Imperativform des Führens keine so große Bedeutung.

Das Führen geschieht durch Anweisung und Kontrolle; die Zusammenarbeit beruht auf Unterordnung und Disziplin.

Wenn diese Führungsvoraussetzungen funktionieren, kann der Führende das Kräftespiel seiner Gruppe ignorieren.

Bei der Kooperativform des Führens, in welcher der Führende nicht mehr absolut dominiert, sondern mehr als „primus inter pares" auftritt, wenn es um Überzeugungs-, Mitentscheidungs- und Motivationsprozesse in der Gruppe geht, gewinnt die Gruppendynamik entscheidenden Einfluß auf die Führungseffizienz.

Der kooperativ Führende muß das gruppendynamische Kräftespiel auf sämtlichen Interaktionsebenen zu durchschauen und zu steuern lernen.

ROLLENFUNKTIONEN IN DER GRUPPE

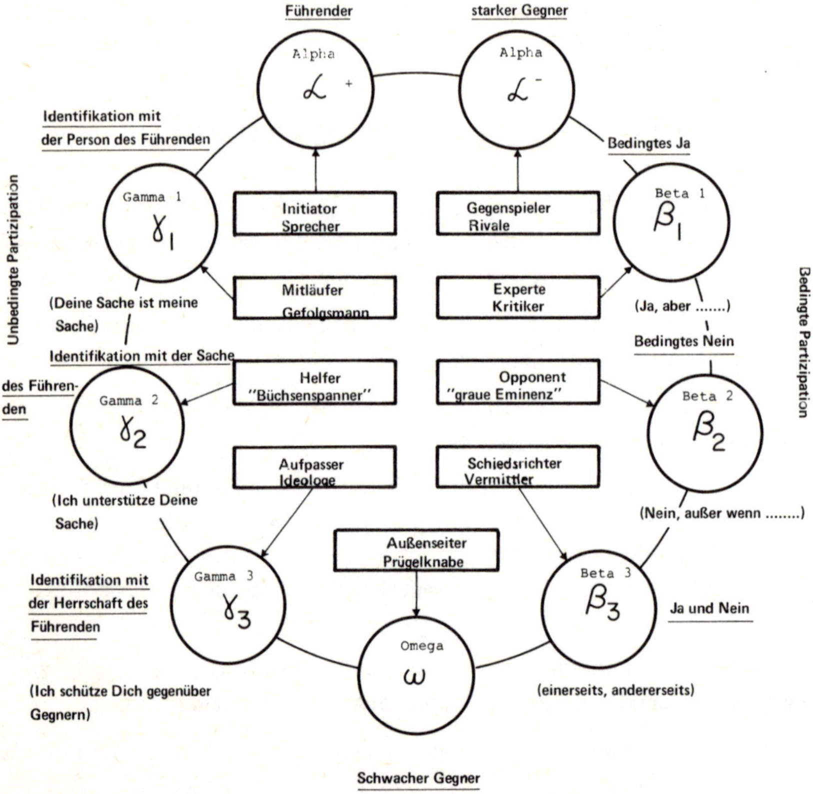

Abbildung 14

7 Motivation und gruppendynamische Verhaltenssteuerung

Inhaltsübersicht

Ein Steuerungssystem der Mitarbeiterführung und -motivation ist die „Themenzentrierte Interaktion" (TZI) von R. C. Cohn. TZI postuliert die Interdependenz von drei gleichbedeutsamen Faktoren im Interaktionsprozeß: *Individium, Gruppe und Aufgabe.*

7.1 Dynamisches Balancieren

TZI sieht in der *Balance dieser Faktoren* die Bedingung der Möglichkeit, ein *Optimum an Gruppenleistung, Gemeinschaftserlebnis in der Gruppe und Selbstentfaltung des einzelnen* zu erreichen.

„Themenzentrierte Interaktion ist ein System der Mitarbeiterführung. In TZI-Gruppen werden drei Faktoren gleichwertig behandelt:

Die Person, das „Ich", die Gruppe, das „Wir" und das Thema, die Aufgabe, das „Es". Solange dynamisches Gleichgewicht dieser drei Faktoren erarbeitet wird, existieren optimale Bedingungen für die Teilnehmer als Personen, für die Interaktion der Gruppe und für die zu leistende Aufgabe. Selbstverwirklichung, Kooperation und Aufgabenlösung gehen Hand in Hand [1]."

[1] Ruth C. Cohn:
Zur Grundlage des themenzentrierten, interaktionellen Systems, in: „Gruppendynamik" 5/1974, Klett-Verlag, Stuttgart.

Das Balancieren als Steuerungstechnik geschieht durch fortwährenden Ausgleich der Gewichtungen im Interaktionsprozeß (s. Abb. 15).

Die Steuerungsfunktion des Vorgesetzten setzt allerdings die Fähigkeit *seiner eigenen Selbststeuerung* voraus und soll zur größtmöglichen *Selbststeuerung der Gruppe* führen.

Individuelle und gruppendynamische Selbststeuerungsprozesse wollen gelernt und geübt sein.

7.2 Partizipationsregeln

TZI stellt dafür Hilfsregeln bereit, die auf zwei Interaktionsprämissen beruhen:

- **Sei dein eigener Chairman,** d.h. sei selbstbestimmend in Verantwortung für Dich selbst und Dein Verhalten zum anderen!

- **Störungen haben Vorrang,** d.h. beachte, was Dich und andere in der Interaktion hemmt und hindert!

Das Chairman- und das Störungsprioritätspostulat leiten sich aus dem Axiom der *Autonomie und Interdependenz* menschlicher Existenz ab.

Beide bedingen einander und sind Bedingungen des Erfolges einer aufgabenorientierten Gruppe, ihrer Selbststeuerungsmöglichkeit und der eigenständigen Partizipation ihrer Mitglieder (s. Abb. 16).

Die TZI-Gruppe bedarf eines Gruppenführers, der „Partizipant" ist und Verantwortung für die Funktion der dynamischen Balance übernimmt; er leitet als Person, als Ich, unter Einsatz seiner Gedanken und Gefühle, die er wie jeder andere Teilnehmer hat, d.h. als sein eigener Chairman.

Er ist zugleich auch Chairman der Gruppe, der die Funktion der Gleichgewichtsführung übernimmt.

„>Chairman <: Vorsitzender, Leiter – ist in diesem Zusammenhang nicht übersetzbar wegen seines Doppelsinns:

Abbildung 15

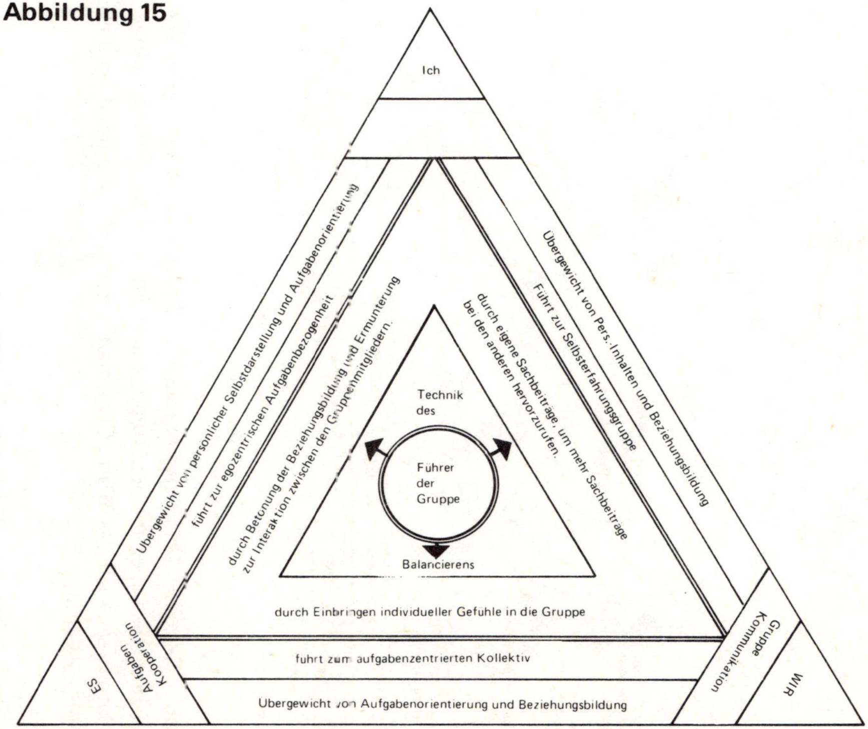

Dynamisches Balancieren als Steuerungsaufgabe in der TZI-Gruppe (nach Ruth C. Cohn)

Siehe: A. Heigl – Evers und F. Heigl:
Die themenzentrierte interaktionelle
Gruppenmethode, in: Neue Sammlung 5/73,
Vedenhoeck & Rupprecht – Verlag, Göttingen

PARTIZIPATIONSREGELN IN DER TZI-GRUPPE

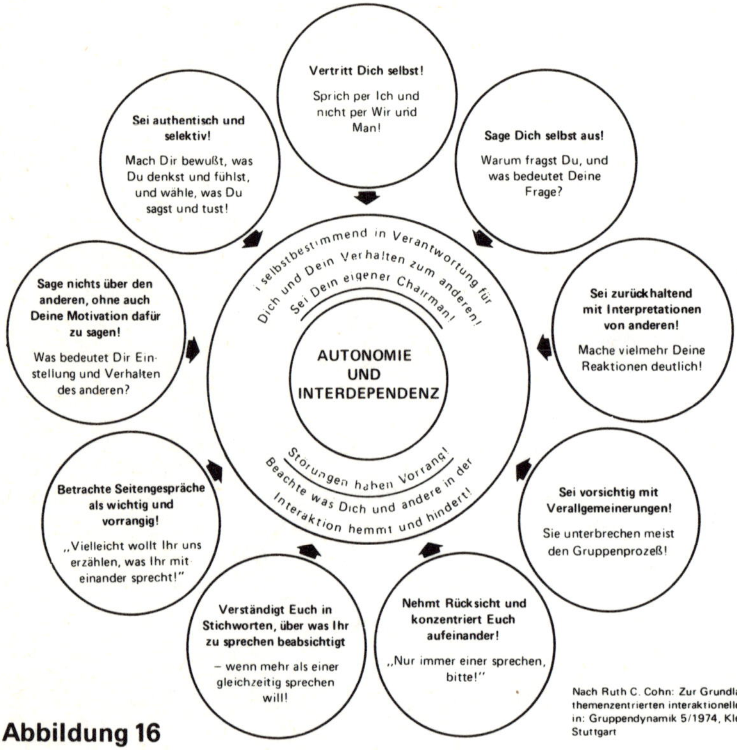

Nach Ruth C. Cohn: Zur Grundlage des themenzentrierten interaktionellen Systems: in: Gruppendynamik 5/1974, Klett-Verlag, Stuttgart

Abbildung 16

Chairman of myself = Leiter meiner selbst; und Chairman of a group = Vertreter der Interessen aller in einer Gruppe (nicht nur Vorsitzender oder Moderator). Darum habe ich das Wort „Chairman" als system-immanent auch im Deutschen eingeführt [1])."

7.3 Störungen haben Vorrang

Das Postulat der Störungspriorität erklärt Ruth Cohn: „Jeder einzelne Mensch mit seinen Fähigkeiten, Sorgen und Freuden ist ein tragendes Ich der Interaktion in Gruppen. Gruppengefühle und Gruppenaktionen beruhen auf diesen

[1]) Ruth C. Cohn, aaO.

Ich-Bausteinen, die zum tragenden Wir dann werden, wenn sie in gemeinsamem Gefühl, Denken oder Handeln zueinander gehören. Das Wir bildet sich um ein gemeinsames Thema, das von den einzelnen in ihrer Perspektive erlebt wird.

Das Wir braucht Gemeinsamkeiten und Verschiedenheiten der Ichs. Wenn die Störungen einzelner Personen unter den Tisch gewischt werden, entsteht ein zerstückeltes Wir. Wenn die Gruppe das unveräußerliche Recht des Ichs anerkennt, zu seinen Gedanken, Gefühlen und Wertungen zu stehen und es nicht zu beschneiden versucht, entsteht die Notwendigkeit, Ich-Störungen mit in die Interaktion einzubeziehen. Der Zeitverlust solcher Nebenthemen wird fast immer durch die Vertiefung der Wir-Solidarität kompensiert – nicht nur in der Dimension der Menschlichkeit, sondern auch in der Dimension der Leistung. Sich mitteilen zu dürfen und wirklich gehört zu werden, genügt meistens, um das innere Gleichgewicht eines Menschen soweit wiederherzustellen, daß er sich der Gruppe und der gestellten Aufgabe zuwendet und seine Probleme und Emotionen zurückstellt, ohne sie zu verdrängen.

Darüber hinaus können Gruppen sehr oft persönliche Probleme eines Teilnehmers lösen helfen – mit viel weniger Qual und Zeitverlust, als es dem einzelnen Menschen möglich wäre."

7.4 Motivierungsfunktionen

TZI kann verstanden und verwirklicht werden:

- Als *Steuerungstechnik* kooperativer und partizipativer Mitarbeiterführung,
- als *partnerschaftliche Interaktionspraxis* zwischen selbst- und mitbestimmenden, selbst- und mitverantwortlichen Gruppenmitgliedern, die zusammen Ziele vereinbart und sich gemeinsam zu lösende Aufgaben gestellt haben,
- als *Lehrmethode,* eine solche Interaktionspraxis, die der Autonomie und Interdependenz des Menschen entspricht, während des Interagierens zu lernen,
- als *Kommunikationsform,* die es Gruppen ermöglicht, nicht nur ihre Aufgaben besser zu bewältigen, sondern auch interaktionell mehr Humanität zu entwickeln.

8 Motivation und Mitarbeiterbeurteilung

Inhaltsübersicht

Wo Menschen zusammen sind, beurteilen sie sich gegenseitig, und jeder bildet auch, indem er sich an anderen mißt, ein Urteil über sich selbst. Dies ist ein ganz selbstverständlicher Prozeß.

Wir beobachten einander, registrieren das Auftreten, die Äußerungen und Handlungen unserer Mitmenschen und versuchen, uns über sie „ein Bild zu machen".

Dieser ständige Beurteilungsvorgang ist überwiegend subjektiv. Wir können nur wenig wissen, wie der andere wirklich ist. Wir urteilen, wie er uns erscheint, wie er auf uns wirkt.

8.1 Arten und Ziele der Beurteilung

Solche Beurteilungsvorgänge steuern unsere zwischenmenschlichen Beziehungen. Wie wir einander im Arbeitsleben begegnen, wie wir reagieren, hängt davon ab, was wir voneinander halten. Welche Anerkennungen ein Mitarbeiter erfährt, welche Aufgaben er erhält, welche berufliche Entwicklung er nimmt, wird durch Beurteilungen beeinflußt.

Der Mitarbeiter wird meist spontan beurteilt. Wenn das betriebliche Management eine Entscheidung über einen Mitarbeiter zu treffen hat, erhebt sich stets die Frage, wie er als Persönlichkeit, in seinen Fähigkeiten, in seinem Verhalten und vor allem in seinen Leistungen zu beurteilen ist.

Die Beurteilungsdaten entstammen der Vergangenheit. Aus dem, was der Mitarbeiter bisher gezeigt hat, wird beurteilt, ob er für die vorgesehene Funktion oder Position geeignet erscheint. Solche Von-Fall-zu-Fall-Beurteilungen können für die jeweilige Entscheidungssituation durchaus brauchbar sein. Für eine langfristige Personalpolitik, für die Gesamtbeurteilung des Mitarbeiterpotentials, für eine planvolle Steuerung der Mitarbeiterförderung reichen derartige Spontanbeurteilungen nicht aus.

Deshalb entschließen sich immer mehr Betriebe, ein systematisches Beurteilungssystem einzuführen. Die meisten dieser Beurteilungssysteme sind allerdings überwiegend befähigungs- und leistungsbezogen. Um einen Vergleich der Beurteilungsergebnisse bei einer Vielzahl von Beurteilern zu erreichen, ist man bemüht, möglichst objektive Maßstäbe vorzugeben.

Damit sind allerdings die Beurteilungsfaktoren auf meßbare oder zumindest auf nach vorgegebenen Maßstäben beobachtbare Tatbestände eingeschränkt, obgleich bei letzteren die subjekttive Optik nie ganz auszuschließen ist.

8.2 Probleme und Schwierigkeiten des Beurteilens

Die Mitarbeiterbeurteilung kann jedoch subjektive Urteile mit einbeziehen.

Für den Beurteilten ist die Subjektivität der Beurteilung eine Realität, die nur dadurch „objektiviert" werden kann, daß sie offengelegt wird.

Eine Offenlegung verdeutlicht Urteile und „Vorurteile". Sie konfrontiert den Mitarbeiter mit der Auffassung seines Vorgesetzten, diesen jedoch auch mit der Meinung des Mitarbeiters. Sie vermag dadurch bei beiden Kritik und Selbstkritik zu bewirken und zur eventuellen Korrektur oder eindeutigeren Bestätigung der Beurteilung zu führen.

Durch die Eröffnung der Beurteilung dem Mitarbeiter gegenüber sowie durch die Begutachtung des Beurteilungsvollzugs durch übergeordnete Vorgesetzte und durch evtl. damit verbundene Rückfragen lernt der Vorgesetzte, die Maßstäbe seiner Beurteilung zu überdenken und zu handhaben. Er bekommt mehr und mehr Beurteilungserfahrung. Durch diesen Lernprozeß sowie durch öfteren Erfahrungsaustausch mit Kollegen und durch Trainingsseminare können die Mitarbeiterbeurteilungen sicherer und „objektiver" und damit immer vergleichbarer werden. Es kann sich dabei nicht um totale Urteile über Menschen handeln. Betriebliche Beurteilungen können nur die Frage beantworten, ob und in welchem Maße der Mitarbeiter die Erwartungen erfüllt, die in ihn gesetzt sind, bzw. ob und in welchem Maße die Aussicht besteht, daß er künftige Erwartungen erfüllen wird (s. Abb. 17).

ARTEN UND ZIELE DER MITARBEITERBEURTEILUNG

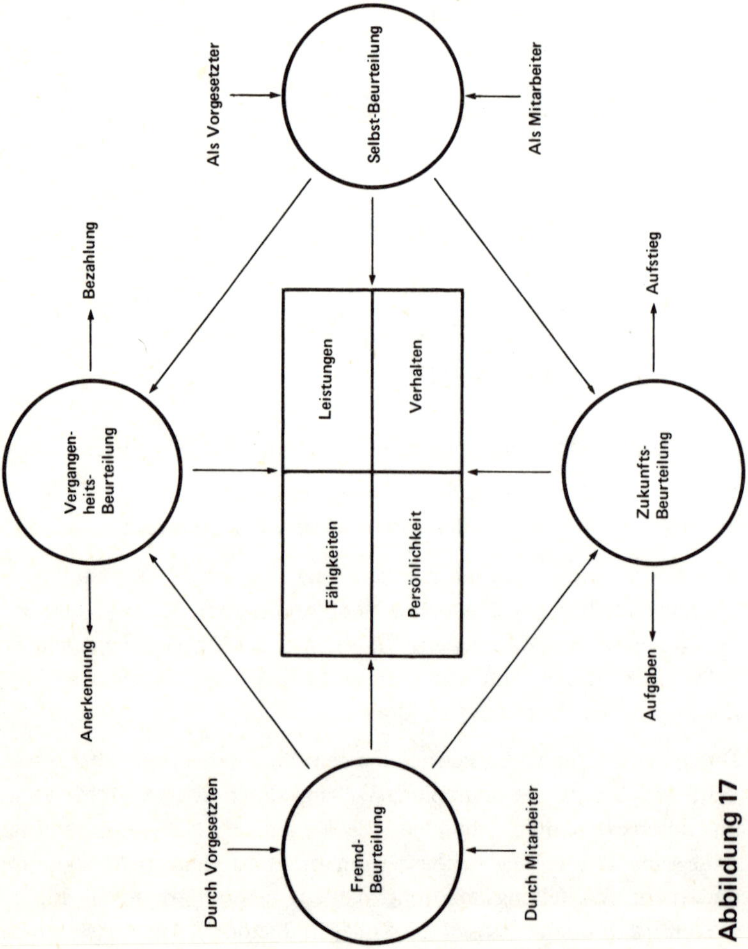

Abbildung 17

Beurteilung der Mitarbeiter ist eine wesentliche Voraussetzung für alle Entscheidungen der Mitarbeiterführung. Ob es sich um die Einstellung, um die Auswahl des richtigen Arbeitsplatzes und Arbeitsbereiches, um Entlohnungsfragen oder auch Disziplinarmaßnahmen, um innerbetriebliche Versetzungen oder um die berufliche Weiterentwicklung und Förderung von Mitarbeitern handelt, immer ist die Mitarbeiterbeurteilung wesentlicher Bestandteil der Entscheidungsfindung. Um Fehlbeurteilungen zu vermeiden, sollte der betriebliche Vorgesetzte etwas über die psychologische Problematik von Beurteilungen wissen (s. Abb. 18).

8.3 Beurteilungsgespräche

Mit der Mitarbeiterbeurteilung soll nicht ein Urteil ein für allemal fixiert werden, das die Voraussetzung für eine jetzige oder spätere Entscheidung bildet.

Sie dient ausschließlich dem Beurteilungsdialog, dem Gespräch zwischen dem Vorgesetzten, der sich ohnehin schon Urteile über den Mitarbeiter gebildet hat und sich solche auch weiterhin bildet, und dem Mitarbeiter, der ein Urteil über sich selbst besitzt und auch, indem er sich mit anderen vergleicht, sich ständig selbst bewertet.

Im Beurteilungsgespräch zeigt sich, inwieweit die Selbsteinschätzung des Mitarbeiters und die Fremdeinschätzung von seiten des Vorgesetzten voneinander abweichen oder übereinstimmen, wie der Vorgesetzte seine Erwartungen in den Fähigkeiten und Leistungen seines Mitarbeiters erfüllt sieht, wie er dessen Zukunftschancen einschätzt. Der Mitarbeiter ist in der Lage, das Ergebnis seiner Selbstprüfung mit einer Beurteilung seines Vorgesetzten zu vergleichen. Der Vorgesetzte gewinnt Einsicht in das Selbstwertgefühl und die Erwartungshaltung seines Mitarbeiters.

Der Mitarbeiter kann sich in seinen Plänen, in seinen Entscheidungen und Maßnahmen an den Erwartungen, an den Auffassungen und Urteilen seines Vorgesetzten orientieren. Der Vorgesetzte kann in seinen Dispositionen das Selbstwertgefühl und die Erwartungshaltung des Mitarbeiters besser berücksichtigen. Außerdem lernen beide, Vorurteile und Fehleinschätzungen zu vermeiden.

Mitarbeiterentwicklung und Mitarbeiterentwicklungs-Beurteilung sind also ein wechselseitiges Bemühen zwischen Mitarbeiter und Vorgesetztem. Allerdings trägt letzterer dabei größere Verantwortung, weil ihm in der Regel die Rolle des Initiators des Dialogs und des Gesprächsführers zufällt, und weil ohne seine Gesprächsbereitschaft und Gesprächsfähigkeit erfolgreiche Beurteilungsgespräche schwerlich gelingen.

Abbildung 18

BEURTEILUNGSSCHWIERIGKEITEN

Schwierigkeiten in der Menschenkenntnis

- der Mitarbeiter kann sich verstellen
- der Mitarbeiter ist in seinem Verhalten situationsabhängig
- Der Mitarbeiter ändert sich durch innere und äußere Einflüsse

Schwierigkeiten in der Methodik

- die Beurteilung kann ausschließlich situationsgebunden, spontan und willkürlich erfolgen
- die Beurteilung kann schematisch zur reinen Schablone werden
- die Beurteilung kann von einer zufälligen Einzelbeobachtung oder vom Urteile Dritter abhängig sein.

Schwierigkeiten der eigenen charakterlichen Fehleinstellung

- der Vorgesetzte kann Ärger und Verdruß „vergelten" wollen
- der Vorgesetzte kann durch Negativbeurteilung des Mitarbeiters seine eigene Unzulänglichkeit verschleiern wollen
- der Vorgesetzte kann einen unangenehmen oder leistungsschwachen Mitarbeiter „wegloben" wollen

Schwierigkeiten in gefühlsmäßigen Vorurteilen

- der Vorgesetzte kann sich in seiner Beurteilung auf den ersten Eindruck fixiert haben
- der Vorgesetzte kann nach Sympathie und Antipathie urteilen
- der Vorgesetzte kann allzusehr vom eigenen Ich – sei es vom hohen Selbstwertgefühl oder von einem Minderwertigkeitsgefühl getragen – als Beurteilungsmaßstab ausgehen

9 Motivation und Weiterbildung

Inhaltsübersicht

9.1 Gründe der Bildungsarbeit

1. Die Anforderungen der Technik und Wirtschaft an die Mitarbeiter werden höher und die Fragen dringlicher:
   - Was verlangt die technisch-ökonomische Entwicklung von morgen an Qualifikation?
   - Wie finden und fördern wir die Nachwuchskräfte für künftige Fach- und Führungsaufgaben?
2. Die Personalpolitik der Betriebe erkennt die Notwendigkeit, bei den Mitarbeitern Lernbereitschaft und Bildungswillen zu wecken und anzuspornen, damit diese der Dynamik des modernen Arbeitssystems fachlich und menschlich gewachsen bleiben.
3. Die Anforderungen im Berufsleben verlangen nicht nur immer mehr Wissen und Können, sondern stellen auch einen höheren Anspruch an die Persönlichkeit des einzelnen und an die Verhaltensweisen der Arbeitsgruppen. Führungsverhalten und Mitarbeiterverhalten bedingen einander und werden zu entscheidenden Bestimmungsfaktoren für den Leistungserfolg.

4. Die qualitative Personalplanung erhebt Lernfähigkeit und Lernbereitschaft zu entscheidenden Kriterien für die Beurteilung und Förderung der Mitarbeiter.

   Sie bietet die Basis für eine Systematisierung der Bildungsarbeit und trägt dazu bei, ein Gleichgewicht zwischen Qualifikationspotential der Mitarbeiter und Qualifikationsanforderung des Betriebes zu schaffen.

5. Die Mitarbeiter suchen nach Fähigkeiten und Chancen zu kritischem und mündigem Handeln, ihr Selbstwertgefühl, ihr Freiheitsbewußtsein und ihr Unabhängigkeitsbedürfnis wachsen. Qualifizierte Mitarbeiter aller Funktionen wünschen, in ihrer Begabung, in ihrer Initiative und ihrem Können gefordert zu werden. Sie streben nach Persönlichkeitsentfaltung und Mitbestimmung, sie wollen sich befähigen, selbst- und mitverantwortlich zu handeln.

9.2 Ziele der Lernprozesse

Betriebliche Weiterbildung zielt auf:

- Erhaltung
- Verbesserung
- Erweiterung

der Qualifikation des Mitarbeiters für seine derzeitige und künftige Tätigkeit. Die Weiterbildung kann sowohl intern (betriebliche Bildungsprogramme) als auch extern (Veranstaltungen außerbetrieblicher Träger) erfolgen.

Bei der Ermittlung des Bildungsbedarfes muß sowohl den Interessen des Betriebes als auch den Bedürfnissen des einzelnen Mitarbeiters Rechnung getragen werden.

9.3 Inhalte der Bildungsprogramme

1. Generelles Wissen und Können
   (Gesellschafts- und Wirtschaftspolitik, Menschenkenntnis und zwischenmenschliches Verhalten)

2. Berufsbezogenes Wissen und Können
   (hinsichtlich Lernen und Leisten, Führen und Kooperieren)
3. Fach- und funktionsbezogenes Wissen und Können
   (technische und kaufmännische, organisatorische und Managementkenntnisse sowie -fähigkeiten)
4. Produktbezogenes Wissen und Können
   (branchen- und marktorientierte Kenntnisse sowie Fähigkeiten)
5. Arbeitsplatzbezogenes Wissen und Können
   (nach speziellen Tätigkeiten differenzierte Kenntnisse sowie Fähigkeiten)

9.4 Interessen der Mitarbeiter und des Betriebes

Wenn betriebliche Bildungsangebote die Betriebsinteressen und die jeweilige individuelle Situation der Mitarbeiter optimal in Einklang zu bringen vermögen, dann kann sich dies positiv auswirken:

1. auf Umfang und Qualität des Weiterbildungsangebotes,
2. auf die Zunahme der Teilnehmerquoten,
3. auf die Verbesserung des Lernerfolges,
4. auf das fruchtbare Zusammenwirken zwischen Bildungsverantwortlichen und Betriebsrat,
5. auf die zunehmende öffentliche Anerkennung der betrieblichen Bildungsarbeit in ihrer Bedeutung für Bildungssystem und Bildungspolitik der Gesellschaft.

9.5 Träger der Bildungsmaßnahmen

Träger der Bildungsmaßnahmen ist im allgemeinen die Personalabteilung. Das im Rahmen der betrieblichen Personalpolitik immer wichtiger werdende Gebiet der Weiterbildung muß im Funktionszusammenhang des Personalbereiches gleichrangig mit den anderen Gebieten der Personalarbeit verankert sein.

Die Vorgesetzten haben die Aufgabe, zusammen mit den entsprechenden Funktionsträgern im Personalbereich zu planen, wann und wo welche Qualifikationen benötigt wird, zu beurteilen, welche Mitarbeiter sich daraufhin weiterbilden wollen und können, mit ihnen die Weiterbildungsmaßnahmen zu besprechen, sie hinsichtlich der einzelnen Lernprozesse zu beraten und ihnen nach Möglichkeit auch Chancen zu geben, erworbenes Wissen und Können zu verwerten und sie so durch qualifiziertere Aufgabenstellungen und das Eröffnen von Aufstiegsmöglichkeiten zu fördern.

Die durch das geltende Betriebsverfassungsrecht gebotene vertrauensvolle Zusammenarbeit zwischen Arbeitgeber und Betriebsrat sollte tragendes Element auch im besonderen bei der Mitbestimmung und Mitwirkung des Betriebsrates auf dem Gebiete betrieblicher Bildungsmaßnahmen sein.

9.6 5 Thesen zur Weiterbildung im Betrieb

1. Die Arbeitsprozesse verändern sich laufend durch technisch-organisatorische Fortschritte. Der Mitarbeiter muß mit der Entwicklung Schritt halten, sonst veraltet seine berufliche Qualifikation sehr rasch.
2. Doch das fachliche Lernen genügt allein nicht. Die persönlichkeits- und gemeinschaftsbezogene Mitarbeiterqualifikation setzt auch soziale Lernprozesse voraus.
3. In den Betrieben haben sich Weiterbildungsmaßnahmen zu einem wichtigen personalpolitischen Arbeitsgebiet entwickelt.
4. Was durch die Personalleitung an Weiterbildungsmaßnahmen veranlaßt wird, kann nur Erfolg zeitigen, wenn die Vorgesetzten aller Verantwortungs-

ebenen die Bildungsarbeit nicht nur unterstützen, sondern sie als einen wesentlichen Bestandsteil ihres Führungsauftrages betrachten.

5. Weiterbildung verlangt vom Mitarbeiter Lernbereitschaft und Lernbemühungen.

   Der Betrieb kann durch sein „Bildungsklima" entscheidend dazu beitragen, die Lernprozesse im Mitarbeiterkreis zu aktivieren, wenn er systematisch Bildungsziele setzt, Bildungsmotive weckt und ein qualifiziertes Bildungsprogramm anbietet.

10 Motivation und Konflikt-verarbeitung

Inhaltsübersicht

In betrieblichen Leistungszusammenhängen wird der Stil der Zusammenarbeit, die menschliche Atmosphäre in den Arbeitsgruppen, das Führungs- und Motivationsverhalten der Vorgesetzten aller Verantwortungsebenen immer entscheidender für den Leistungserfolg.

10.1 Störungen und Blockaden

Es sind die Spannungen und Konflikte zwischen Mitarbeitern und Vorgesetzten sowie zwischen Mitarbeitern untereinander, die den Leistungsprozeß empfindlich stören können. Sie verlangen nach befriedigenden und raschen Lösungen. Verhaltensprobleme lassen sich nicht „auf die lange Bank schieben" oder „vom Tisch wischen".

Ein Management, das Leistungsziele erreichen muß, kann sich über die zwischenmenschliche Konfliktproblematik nicht hinwegsetzen.

Es ist bemüht, Konflikte möglichst nicht entstehen zu lassen, oder wenn sie doch auftreten, frühzeitig zu erkennen und zu beheben sowie die dennoch ausbrechenden Auseinandersetzungen und Streitigkeiten zu schlichten.

Wer Probleme nicht zu „Konflikten" auswachsen lassen will, muß sie rechtzeitig zu lösen versuchen.

Dies ist zumeist nur durch Gespräche mit den Beteiligten und Betroffenen möglich.

Die Gesprächsfähigkeit des Vorgesetzten wird dadurch zu einer wichtigen Voraussetzung seiner Führungsfähigkeit.

10.2 Konfliktsteuerung und -lösungen

Konfliktsteuerung und Konfliktlösungen und die damit verbundenen Verhaltensformen und Entscheidungsprozesse lassen sich methodisch „programmieren" und sind trainierbar.

Dazu benötigt der Vorgesetzte nicht nur individual- und gruppenpsychologische Kenntnisse und Erfahrungen, sondern auch Wissen und Übung bezüglich des eigenen Motivations- und Führungsstils.

10.3 Gemeinsame Lernprozesse

Die Vorgesetzten aller Funktionsebenen müssen nicht nur die Methoden, sondern auch die Verhaltensformen eines motivationsorientierten Managements lernen.

Diese Lernprozesse können nur gemeinsam und im Kontakt mit den Mitarbeitern erfolgen, die auch ihrerseits Solidarität, Loyalität und Kollegialität in der Arbeitsgruppe lernen müssen. Das Lernziel aller ist: zwischenmenschliche Kommunikation als Voraussetzung für eine verantwortliche Partizipation und humane Kooperation im beruflichen Leistungsprozeß. Sozialeres Verhalten zwischen Vorgesetzten und Mitarbeitern und zwischen den Mitarbeitern untereinander – könnte mit solcher Forderung nicht der Eindruck entstehen, es würde für eine „weiche Welle" plädiert? Das wäre ein Mißverständnis. Motivationsbezogene Führungsentscheidungen müssen leistungsorientiert und damit „hart an der Sache" bleiben.

10.4 Motivierung durch Personalisierung

Aber gerade um des sachlichen Erfolges willen, kann die Führungsaufgabe im Arbeitsprozeß nicht mehr in einer vordergründigen Disziplinierung bestehen, sondern muß sensitiver, differenzierter und problemgerechter werden.

Die Veränderungen im Arbeitsprozeß und die Änderung des Mitarbeiters machen eine Änderung des Führungsstils und des Mitarbeiterverhaltens notwendig.

Arbeitsabläufe im Industriebereich werden einerseits durch Technik, Planung und Organisation, andererseits durch das Leistungsverhalten der darin tätigen Personen bestimmt. Wir bezeichnen sie deshalb als „soziotechnische Prozesse". Die motivationsorientierte Mitarbeiterführung bezieht sich sowohl auf den Mitarbeiter als Person, als auch auf seine Funktion, seinen Arbeitserfolg.

In modernen Leistungssystemen sollten Mensch und Arbeit möglichst wenig im Gegensatz und Konflikt miteinander stehen. Leistungen lassen sich nur erreichen, wenn *Personalität* und *Produktivität* sich gegenseitig bedingen und eine Einheit bilden (s. Abb. 19).

MOTIVIERUNG DURCH PERSONALISIERUNG IN SOZIOTECHNISCHEN PROZESSEN

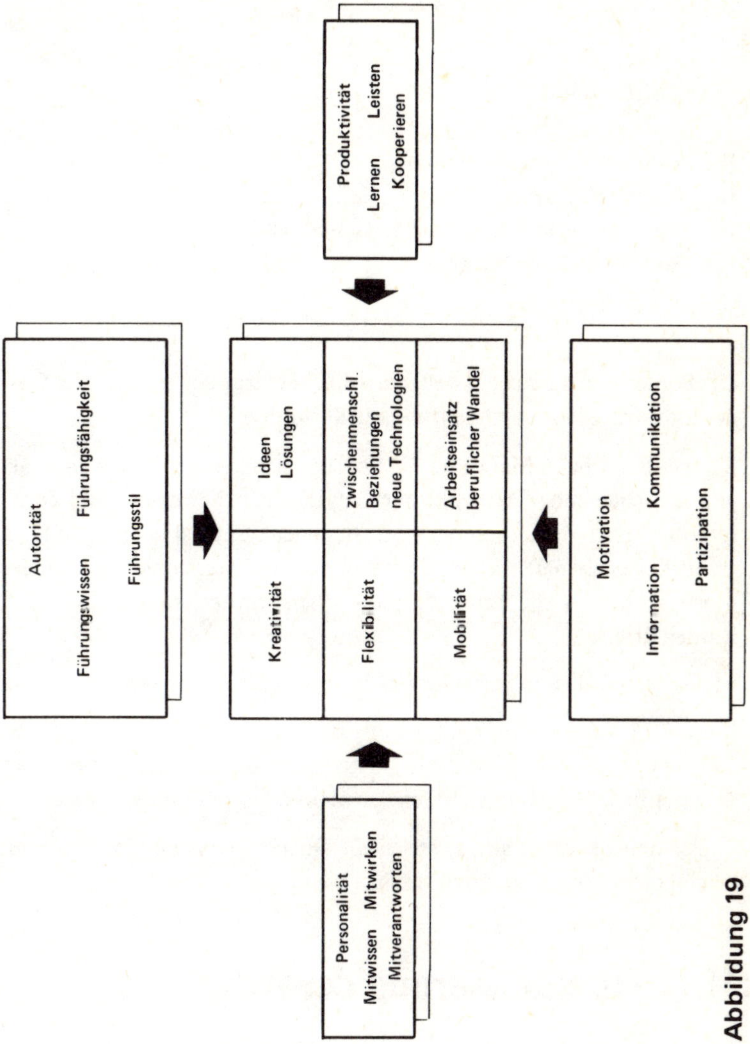

Abbildung 19

11 Motivation und Humanisierung

Inhaltsübersicht

Die Forderung, die Arbeitswelt menschlicher zu gestalten, ist in der Geschichte der Industrialisierung schon früh gestellt worden.

Sie hat den jungen Marx und die Sozialenzykliken der Päpste bewegt. Sie ist eine entscheidende Triebkraft der Gewerkschaftsbewegung und auch sozialreformerischer Unternehmer. Im heutigen Entwicklungsstadium unserer Industriegesellschaft erkennen wir in ihr das soziale Problem Nummer 1. Dies umso mehr, als die rationalisierte Arbeit immer menschenfeindlicher zu werden droht.

Menschenwürde und Selbstverwirklichung in der Arbeitswelt zu fordern, meint ein zweifaches:

1. Nicht nur die Produkte, die Ergebnisse der Arbeit, sondern die Arbeit selbst, die Arbeitsbedingungen sollen den menschlichen Bedürfnissen entsprechen.
2. Persönlichkeitsentfaltung soll nicht nur in der Freizeit, sondern auch und gerade in der Arbeit möglich sein.

11.1 Humanisierung der Arbeit

Die Humanisierung der Arbeit betrifft hauptsächlich sechs Faktoren:

1. Die Arbeitsplatzgestaltung,
   d.h. nicht nur Lärm- und Schmutzbeseitigung, sondern auch die technische

Ausstattung, die Raum-, Licht- und Farbverhältnisse, die weitere Arbeitsplatzumgebung usw.,

2. die Arbeitsorganisation,
   d.h. nicht nur die Abschaffung des Fließbandes, sondern auch alle Vermeidung von Monotonie durch Vielseitigkeit, Erweiterung und Bereicherung der Funktion (job enlargement, job enrichment und teilautonome Arbeitsgruppen),
3. die Arbeitszeit,
   d.h. nicht nur Verminderung von Nacht- und Schichtarbeit, sondern auch eine bessere Pausenregelung, die Einführung der variablen Arbeitszeit und der Teilzeitarbeit,
4. den Arbeitsschutz und die Gesundheitsvorsorge,
   d.h. nicht nur technisch-organisatorische Verbesserungen, sondern auch kollegiale Rücksichtnahme und die Steigerung der Mitverantwortlichkeit aller für den einzelnen,
5. die Mitarbeiterführung und die Personalarbeit,
   d.h. nicht nur einen freundlicheren Umgangston und eine exakt funktionierende Personalabteilung, sondern ein kooperativer Führungsstil mit entsprechenden Informations- und Delegationsformen sowie Weiterbildungs- und Förderungsprogramme für die Mitarbeiter,
6. Mitbestimmung am Arbeitsplatz und im Betrieb,
   d.h. nicht nur Mitsprache und Mitwirkung, sondern Mitentscheidung der Mitarbeiter in den sie betreffenden Angelegenheiten.

11.2 Innere Humanität

Wer arbeitet, möchte dies unter möglichst guten äußeren Bedingungen tun; er empfindet den Arbeitsprozeß human, wo diese optimal gestaltet sind.

Wer arbeitet, wünscht aber auch zwischenmenschliche Kommunikation, Erfolgserlebnisse und Selbstentfaltungsmöglichkeiten. Er nennt den Arbeitszusammenhang human, wo er Arbeitskollegen findet, zu denen er Vertrauen gewinnen, eine Arbeitsgruppe, mit der er sich solidarisieren, ein Arbeitsziel, das er mitbestimmen, und eine Arbeitsaufgabe, in der er sich verwirklichen kann.

Es gibt also Bedürfnisse hinsichtlich einer äußeren und einer inneren Humanisierung der Arbeitswelt. Beide sind berechtigt und stehen auch im Zusammenhang miteinander und in gegenseitiger Abhängigkeit.

Die äußere Humanisierung kann man verordnen und rational durchführen.

Die innere Humanisierung ist eine zwischenmenschliche Leistung, die auf personalen sowie sozialen Lernschritten beruht und bei der die Emotionalität der Beteiligten eine entscheidende Rolle spielt.

11.3 Mehr als Arbeitskraft und Kostenfaktor

Wie ist Persönlichkeitsentfaltung in techno-ökonomischen Leistungsprozessen möglich?

Wie können sich Ich-Stärke und Gemeinschaftsfähigkeit der einzelnen Personen unter der Dominanz von Sachzwängen entwickeln? Wie kann die Emotionalität im Menschen angesichts einer beherrschenden rationalen Arbeitsstruktur mit permanentem Rationalisierungsdruck ihr Recht behalten und ihren Raum gewinnen? Wie kann zwischenmenschliche Kommunikation, getragen von Vertrauen und Solidarität, im konkurrierenden Leistungswettbewerb zwischen einzelnen und Gruppen unter dem Diktat von Produktivität und Rentabilität gedeihen?

Wie kann der Mensch mehr sein als Arbeitskraft und Kostenfaktor mit kalkulierbarem Wirkungsgrad und Nutzwert?

Der Mitarbeiter erwartet nicht nur die Anpassung von Aufgabenstellung, Arbeitsbedingungen, sozialer Sicherheit und Einkommen an Wünsche und Ansprüche.

Er fordert mehr, nämlich die Befriedigung seiner inneren Bedürfnisse, die auf Entfaltungsmöglichkeiten seiner selbst zielen.

11.4 Der Mensch als Subjekt

Der Mitarbeiter möchte nicht nur als Mittel zum Zweck betrachtet, als Objekt fremdbestimmt und zum bloßen Gegenstand von Planungen, Dispositionen und Kontrollen gemacht werden. Er strebt danach, als Selbstzweck Achtung zu finden, als Subjekt selbst- und mitbestimmend zu entscheiden und zu handeln und dafür selbst- und mitverantwortlich zu sein.

Der Mitarbeiter will nicht nur von der rationalen Sachlogik regiert werden. Er wünscht, daß seine Emotionalität, seine Gefühle Anerkennung und Berücksichtigung erfahren.

Er hofft, als ganzer Mensch, nicht nur aufgrund der Kräfte des Körpers und des Verstandes, sondern auch aufgrund der Kräfte des Herzens und der Seele von Vorgesetzten und Kollegen angenommen und respektiert zu werden.

Wir verstehen unter Humanisierung der Arbeitswelt vorrangig die Kultivierung der zwischenmenschlichen Beziehungen, die Menschlichkeit von Interaktions- und Kooperationsverhalten, das Humanum auch im Austragen von Interessengegensätzen, in der Verarbeitung von Konflikten und im Ertragen von Spannungen.

12 Motivation und Gesprächsführung

Inhaltsübersicht

Gesprächsfähigkeit setzt drei Befähigungen voraus: Soziale Sensitivität, d.h. Gespür dafür, wie der andere sich fühlt, Kommunikation, d.h. Antennen dafür, was der andere „sendet", Interaktion, d.h. wechselseitige Verhaltenswahrnehmung, wie man auf andere wirkt, wie andere auf einen selbst wirken, wie überhaupt Menschen aufeinander wirken.

Gesprächsbefähigung läßt sich üben. Die Übungsziele sind, daß der Vorgesetzte seine zwischenmenschliche Kontaktfähigkeit, d.h. sein Einfühlungsvermögen in den anderen, sein Verständnis für den anderen und Verhalten zum anderen verbessert und damit gesprächsfähiger wird. Dies kann durch Rollenspiele und durch Gesprächsübungen mit Rollentausch geschehen.

12.1 Nicht direktiv vorgehen

Eine nicht-direktive Haltung im Beratungs- und Fördergespräch bedeutet, daß die Gesprächsführung nichts vorher Angenommenes durchzusetzen sucht oder bestätigt sehen will. Die Darlegung sowie die Lösungsmöglichkeit eines Problems soll vielmehr der Initiative des zu Beratenden und zu Fördernden überlassen bleiben.

Das verlangt eine Reihe von Verhaltensregeln, die nicht nur Sache der Einsicht und des guten Willens sind, sondern Übung verlangen.

Die direktive Beratungs- und Fördermethode arbeitet mit vorgefaßten Meinungen, die sogar richtig sein können. Sie spricht, wenn es dem Gesprächsführer angezeigt erscheint, Kritik aus. Sie bestimmt Lösungswege für die vorliegende Lernproblematik und sucht sie dem Problemträger „nahe zu legen". Sie versucht, Problemdeutungen und Prognosen zu geben – meist bedrohlicher Art, um den Betreffenden zu veranlassen, möglichst umgehend sein Verhalten zu ändern. Der direktiv Beratende und Fördernde versucht, seine Überlegenheit auszuspielen, durchaus in der guten Absicht, dem Lernenden behilflich zu sein, seine Lernschwierigkeiten zu überwinden.

Das nicht-direktive Vorgehen besteht darin, daß der Beratende und Fördernde sich dem Mitarbeiter emotional zuwendet, daß er sich in ihn einfühlt und seine Probleme zu verstehen und mitzuempfinden versucht.

Der Vorgesetzte kritisiert den Mitarbeiter nicht, sondern läßt ihn seinen Standpunkt, seine Gefühle und Empfindungen ausdrücken. Er gibt seinem Gesprächspartner nicht die eigenen Vorstellungen von Lösungswegen vor, sondern konzentriert sich auf dessen Einstellungen.

Er versucht auch nicht, die Probleme des Mitarbeiters zu deuten, sondern respektiert ihn mit allen seinen – manchmal zunächst ganz „ungereimten" – Schwierigkeiten als selbst- und mitverantwortliche Person.

Der Vorgesetzte fühlt sich nicht überlegen und für alle Probleme des Mitarbeiters „kompetent", er hält sich zurück und versucht, seinen Gesprächspartner zu ermutigen, in sich die Selbstbestimmung und Selbststeuerung seines Verhaltens zu aktivieren.

12.2 Fragen können

Wer seinen Partnern nicht seine Überzeugung aufdrängen, sondern sie ihre eigenen Überzeugungen finden lassen will, muß weniger argumentativ, sondern mehr fragend vorgehen.

Die Art der Fragestellung läßt dem Gegenüber die Chance, seine Gedanken und Gefühle zu äußern, den Prozeß der eigenen Überzeugungsbildung zu vollziehen, in höherem Maße selbstbestimmend zu agieren als fremdbestimmt reagieren zu müssen. Es kommt dabei auf die Form der Frage an:

Die *geschlossene* Frage erwartet eine präzise Antwort, entweder ja oder nein, evtl. einen Fakt, ein Datum oder eine Zahl. Sie gilt als die rationellste Form der Informationsübermittlung. Der Frager will etwas wissen, er fragt so genau wie möglich und erhält eine knappe Antwort. Das mag in vielen Fällen wirksam sein, etwa, wenn es gilt, unproblematische Sachinformationen auszutauschen.

Wie schwer es jedoch fällt, auf diese Weise etwas zu erfahren, was der Befragte nicht offenbaren will, zeigt das Spiel „Was bin ich?", wie wir es im Fernsehen erleben.

Bei Beratungs- und Fördergesprächen kann sich der Mitarbeiter durch geschlossene Fragen unter Druck gesetzt fühlen. Er öffnet sich nicht mit seinen eigentlichen Sorgen und Schwierigkeiten, sondern verschließt sich vielleicht noch mehr.

Die *Fangfrage* will den Partner in eine Falle locken, ihn in Widersprüche verwickeln, damit er das zugibt, was der Fragende unterstellt. Es ist eine mißtrauische Frageform, die angezeigt sein kann, wenn es darum geht, ein „Geständnis" zu erreichen. In einem Beratungs- und Fördergespräch verdirbt sie jedoch das Vertrauensklima.

Die *Suggestivfrage* zielt auf eine vorgegebene Antwort. Sie ist so gestellt, daß der Befragte so antworten muß, wie der Fragende es erwartet. Eine solche Art der Fragestellung bringt deshalb keine neuen Informationen. Sie bestätigt lediglich das, was der Frager weiß oder vermutet.

(Die Fangfrage wird oft mit einer Suggestivfrage gekoppelt, etwa so: „Sie haben doch den Auftrag erledigt?" Der Befragte sagt in seiner Verlegenheit ja. Der Frager hat schon erfahren, daß dies nicht geschehen ist, stößt aber nach: „Haben Sie jetzt gesagt erledigt?" usw.).

Geschlossene, Fang- oder Suggestivfragen eignen sich kaum für Beratungs- und Fördergespräche. Sie schaden mehr als sie nutzen.

Es empfehlen sich drei andere Frageformen:

Die *offene* Frage kann nicht nur einfach mit ja oder nein beantwortet werden.

Es ist eine Frage, die den Gesprächspartner ermutigt, seine wahre Meinung zu sagen und offen über seine Probleme zu sprechen. Der Fragende gibt dem Befragten zu verstehen, daß er ihn und seine Auffassung respektiert, daß er mit ihm empfindet und ihm wohl will.

Bei der *reflektierenden Frage* kann der Frager noch etwas tun, um seinen Partner zu veranlassen, „aus sich herauszugehen". Er sollte dessen Worte reflektieren und in Frageform neu formulieren. Anders ausgedrückt: Er sollte versuchen, an das, was der Befragte denkt, fühlt und sagt heranzukommen, indem er es geistig verarbeitet und ihm dann gleichsam „aus der Seele spricht".

Der Fragende zeigt seinem Gesprächspartner, daß er ihn versteht und hilft ihm so, seine Hemmungen zu überwinden. Das ist die Voraussetzung für ein gutes Gesprächsklima. Ein gutes Gespräch findet immer auf der gleichen Ebene statt. Hört der Befragte seine Gedanken plötzlich aus dem Mund des Fragers, dann gibt ihm das die Möglichkeit einzusehen, daß er vielleicht unlogisch gedacht hat oder daß seine Vorbehalte vielleicht auf unangebrachten Befürchtungen basieren.

Allein die Tatsache, daß der Fragende den evtl. Vorbehalten des Befragten nicht widerspricht, ermöglicht es diesem weiterzudenken, andere Faktoren zu erwägen, vielleicht seinen Standpunkt zu ändern.

Die *richtungsweisende* Frage veranlaßt den Gesprächspartner, eine spezielle Phase seines Denkprozesses zu erweitern oder sie ausführlich zu erklären.

Eine Übereinstimmung kommt leichter zustande. Der Fragende erhält wichtige Informationen darüber, was sein Partner denkt sowie will und hilft ihm, sich über sich selbst klarer zu werden.

Beim Fragesatz sind Ton und Betonung, Mimik und Gestikulation wichtig. Durch einen anderen Tonfall oder einen anderen nichtverbalen Ausdruck kann eine andere Frageform entstehen (s. Abb. 20).

ÜBERSICHT ZUR FRAGEMETHODIK

Frageform	Frageansatz	Frageverhalten	Fragewirkung
Bei Beratungs- und Fördergesprächen zu vermeiden:			
Geschlossene Frage	Sagen Sie, ist ...? Sind Sie der Meinung, daß ...?	beherrschend	eingehend
Fangfrage	Haben Sie jetzt gesagt, daß ...? War nicht eben Ihre Meinung, daß ...?	mißtrauisch	klimazerstörend
Suggestivfrage	Sie haben doch gesagt, daß ...? Sie sind doch der Meinung, daß ...?	fremdbestimmend	von außen steuernd
Bei Beratungs- und Fördergesprächen zu verwenden:			
Offene Frage	Was sagen Sie dazu? Was meinen Sie darüber?	partnerschaftlich	befreiend
Reflektierende Frage	Sagten Sie, daß ...? Wenn ich Sie recht verstehe, meinen Sie, daß ...?	vertrauend	klimaverbessernd
Richtungsweisende Frage	Sie sagten also, daß ...? Sie meinen demnach, daß ...?	Selbstbestimmung initiierend	Innensteuerung bewirkend

Abbildung 20

12.3 Das individuelle Mitarbeitergespräch (eine Checkliste)

Phase I
Fragen, die *vor* dem Mitarbeitergespräch überdacht werden sollten:

Was weiß ich über die Aufgaben des Mitarbeiters?
- Verantwortlichkeiten?
- Besondere Pflichten?
- Erforderliche Fertigkeiten und Kenntnisse?
- Sinn und Zweck der Aufgabe?

Was weiß ich über den Mitarbeiter persönlich?
- Leistungsbeurteilung für den abgelaufenen Zeitraum?
- Haltung/Einstellung zur Arbeit?
- Haltung/Einstellung zu den Kollegen?
- Haltung/Einstellung zu mir?
- Ehrgeiz und Wünsche für die berufliche Entwicklung?
- Hauptarbcitsinteressen?
- Hauptstärken?
- Hauptschwächen?
- Persönliche Besonderheiten?
- Außergewöhnliche Probleme?
- Auf welche Art von Einwirkung spricht der Mitarbeiter am besten an?

Welches waren die Ergebnisse des letzten Mitarbeitergespräches?
- Was wurde besprochen?
- Was wurde vereinbart?
- Wie hat der Mitarbeiter reagiert?
- Was ist seitdem geschehen?

Wo bekomme ich die erforderlichen Informationen her?
- Durch direkte Beobachtung?
- Durch die Arbeitsplatzbeschreibung?
- Durch bereits vorliegende Beurteilungen?

– Fortsetzung nächste Seite –

– Fortsetzung –

- Durch Arbeitsberichte?
- Aus der Personalakte?
- Über Vorgesetzte, bei denen der Mitarbeiter beschäftigt war?

Was will ich erreichen?

- Verbesserung von Einstellungen, Fertigkeiten und Kenntnissen
- Herausarbeitung von Schwerpunkten, auf die sich der Mitarbeiter konzentrieren soll
- Einen auf den Mitarbeiter zugeschnittenen Fortbildungsplan
- Besonderheiten, die ich vom Mitarbeiter erfahren möchte (Informationen von unten nach oben)

Wie gehe ich am besten vor?

- Wann führe ich das Gespräch am besten?
- Wann und wie mache ich meine Notizen?
- Wie eröffne ich das Gespräch?
- Wie schalte ich Störungen aus?
- Auf welche Besonderheiten muß ich achten?

Worauf muß ich als „Sender" und „Empfänger" im Mitarbeitergespräch achten, um Verständnis und Zustimmung zu erreichen?

Als Sender:

- Überlegen, was ich sagen will und die Argumente in eine sinnvoll-logische Reihenfolge bringen
- Eine klare und eindeutige Ausdrucksweise benutzen
- So mit dem Mitarbeiter sprechen, daß er meine Worte in sein eigenes Bezugssystem einordnen kann (keine Über- oder Unterschätzung des Gesprächspartners)
- Interesse wecken
- Feststellungen vermeiden, die gefühlsmäßigen Widerstand hervorrufen

– Fortsetzung nächste Seite –

- Fortsetzung -

- Nicht mehr mit dem Mitarbeiter besprechen, als er aufnehmen und verarbeiten kann

Als Empfänger:
- Aufmerksam zuhören, was mir der Mitarbeiter zu sagen hat
- Darauf achten, wie er es sagt
- Ein Gefühl dafür entwickeln, was er nicht sagt
- Dem Mitarbeiter Gelegenheit geben, seine Ansichten darzulegen
- Die Antworten bewerten und gewärtig sein, auf Änderungen im Verhalten des Mitarbeiters sofort zu reagieren.

Phase II

Hinweise, die *während* des Mitarbeitergespräches beachtet werden sollten, um durch richtige Gesprächsführung die inhaltliche Wirksamkeit zu vertiefen:

Einleitung
- Auf den Partner einstellen, zunächst auflockern, Widerstände abbauen, zwanglose Atmosphäre schaffen
- Durch sachlich-klare Auskunft über Anlaß und Sinn des Gespräches die „richtige" Einstellung schaffen
- Nicht mit der Tür ins Haus fallen, aber auch nicht lange um die Sache herumreden.

Gesprächsführung (Form, Inhalt, Sprache)
- Nach der Einleitung Gelegenheit zu freier Äußerung geben (interessierter, aufmerksamer Zuhörer sein, nicht „Monologist")
- Durch offene Fragen zu weiteren Äußerungen anregen
- Das Gespräch „asymmetrisch" führen (dem Partner den größeren Anteil an Zeit/Worten überlassen)
- Keine Antwort erzwingen wollen
- Eindruck des Examens vermeiden
- Keine Suggestivfragen stellen
- Keine verfänglichen Fragen stellen

- Fortsetzung nächste Seite -

– Fortsetzung –

- Nicht (vorschnell) Partei ergreifen
- Nicht auf Wortgefechte einlassen
- Nicht durch Unmutsäußerungen frustrieren (dazu gehört auch längeres Schweigen)
- Richtiges Verständnis durch zusammenfassende Wiederholungen sichern
- Den Partner würdigen und seine Persönlichkeit achten

Beendigung, Abschluß

- Die objektive Dauer des Gespräches ist weniger bedeutsam als die Vermittlung des subjektiven Gefühls „Zeit zu haben"
- Gespräch nicht abwürgen, aber auch nicht zerdehnen (um evtl. Zeitsoll zu erfüllen?), „natürliches" Ende anstreben
- Die wesentlichen Punkte zusammenfassen und um Bestätigung durch den Partner bitten
- Positiv-versöhnlichen Ausklang des Gespräches anstreben – auch nach harter Auseinandersetzung

Phase III

Selbstprüfung *nach* Abschluß des Gespräches

- Habe ich in diesem Gespräch den Willen des Mitarbeiters geweckt, mit mir zusammenzuarbeiten?
- Habe ich Widerstand erzeugt? Falls ja, wie hätte ich mich ausdrücken müssen, um diese Raktion zu vermeiden?
- Habe ich dem Mitarbeiter genügend Zeit gegeben, seine eigenen Ansichten zum Ausdruck zu bringen?
- Habe ich ihn sicherer gemacht, anstatt ihn unsicher zu machen?
- Versteht er genau, was von ihm erwartet wird?
- Habe ich eine ganz bestimmte Arbeitsweise vorgeschlagen, wie er beginnen kann, seine Tätigkeit zu verbessern?
- Habe ich irgend etwas versprochen, von dem icht nicht sicher bin, ob ich es halten kann, z.B. Beförderungen oder Gehaltserhöhungen?
- Wie wäre meine Reaktion gewesen, wenn ich als Gesprächspartner auf der anderen Seite gesessen hätte?

13 Regeln für Motivationsgespräche

Im motivierenden Gesprächsverlauf lassen sich vier Faktoren unterscheiden, die sich gegenseitig bedingen, wechselseitig aufeinander einwirken, voneinander abhängen und sowohl die Form des Gespräches als auch das Gesprächsergebnis beeinflussen.

Dies sind:

Gegenseitige Einfühlung	=	Sensitivität
Zwischenmenschliches Verständnis	=	Kommunikation
Gemeinsames Einverständnis	=	Partizipation
Wechselseitiges Verhalten	=	Interaktion

Diese Faktoren regeln das Motivationsgespräch und tragen entscheidend zu dessen Gelingen bei.

Welche Rolle sie bei verschiedenen Gesprächsanlässen und -inhalten in bezug auf die Motivation spielen, welche Verhaltensmuster dabei zu beachten sind, zeigen die folgenden neun „Regelwerke" (s. Abb. 21 bis 29).

WIE VERANLASST MAN VERÄNDERUNGEN ?

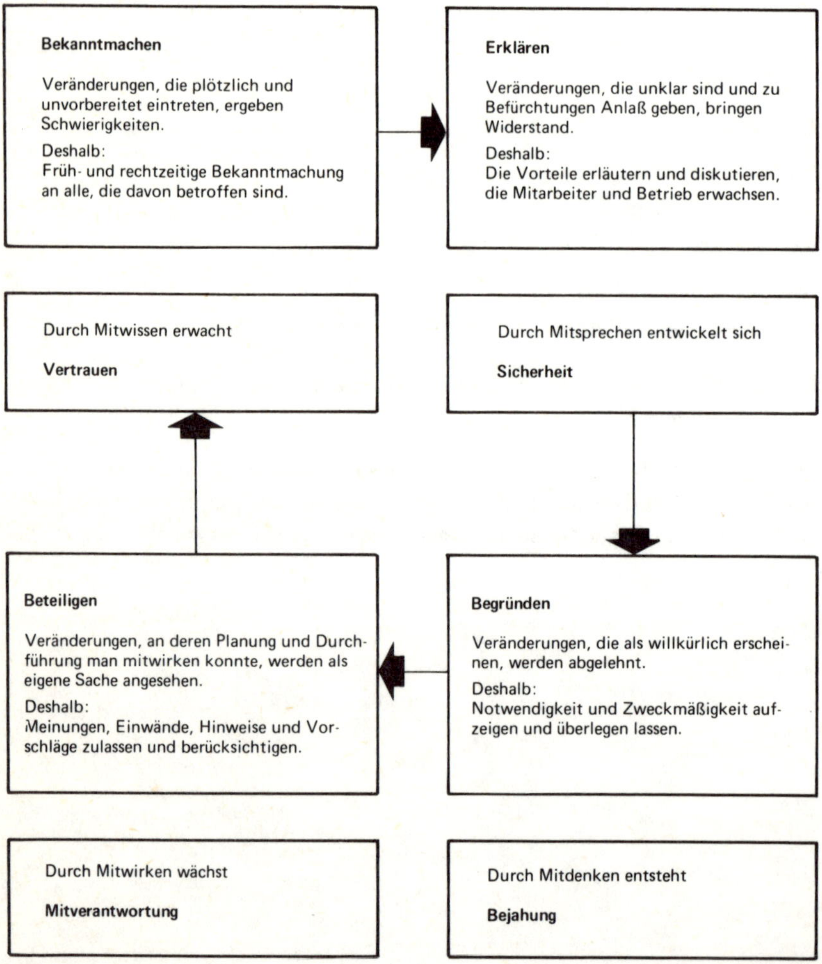

Abbildung 21

WIE DELEGIERT MAN AUFGABEN?

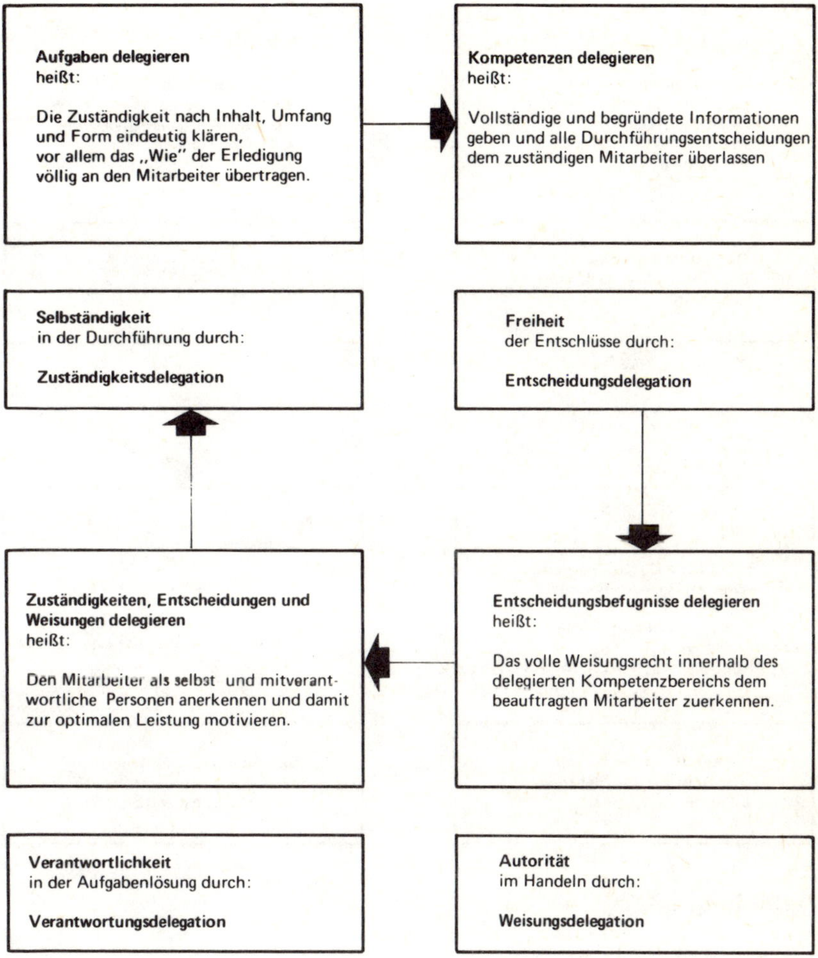

Abbildung 22

WIE FÜHRT MAN KONTROLLEN DURCH?

Offenheit

Offen kontrollieren, nicht „hintenherum" !
Nicht übertreiben !
Der Mitarbeiter muß wissen, woran er ist.

Der Mitarbeiter erwartet entsprechende Anerkennung oder Kritik

Klarheit

Kontrollen müssen sich auf Normen stützen, die sachlich angemessen, betriebseinheitlich und jedem bekannt sind.

Der Mitarbeiter fordert eindeutige und gerechte Maßstäbe

Sachlichkeit

Jeder Mitarbeiter muß spüren, daß Kontrolle eine selbstverständliche und korrekte Angelegenheit ist, keine gehässige „Fehlersuche".

Der Mitarbeiter wünscht Beschränkung der Kontrolle auf das wirklich Wesentliche

Takt

Persönliche Kontrolle soll nicht verletzen, sondern freundlich und nüchtern sein.
Fehler vom Mitarbeiter selbst finden lassen.
Kontrolle durch Selbstkontrolle.

Der Mitarbeiter will menschliche Achtung und Selbstverantwortung

Abbildung 23

WIE ÜBT MAN KRITIK?

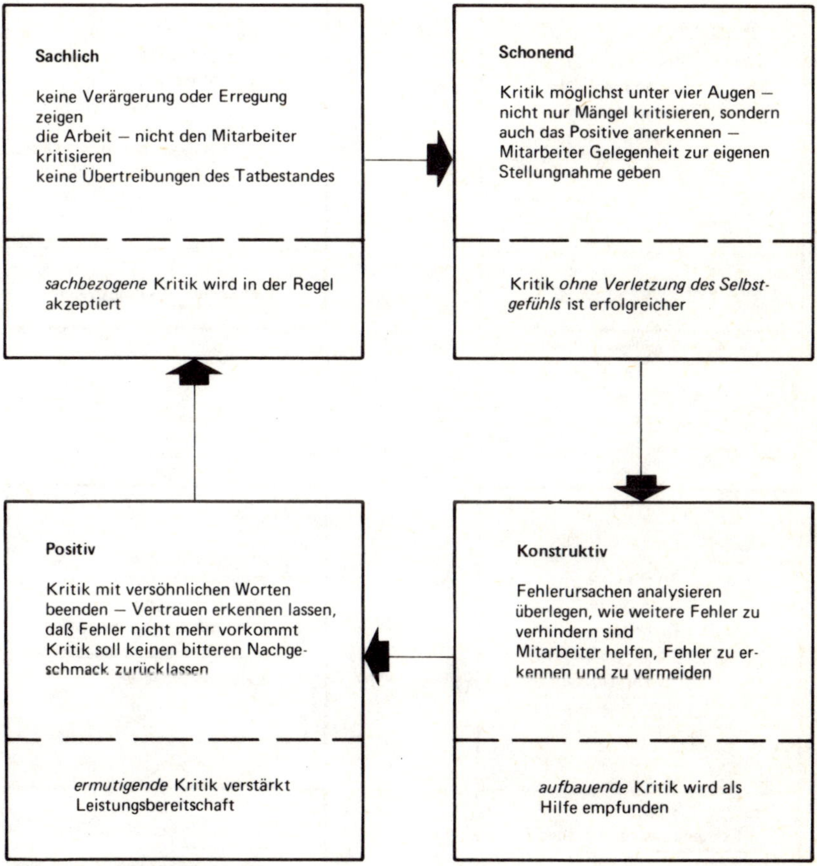

Abbildung 24

WIE INFORMIERT MAN MITARBEITER?

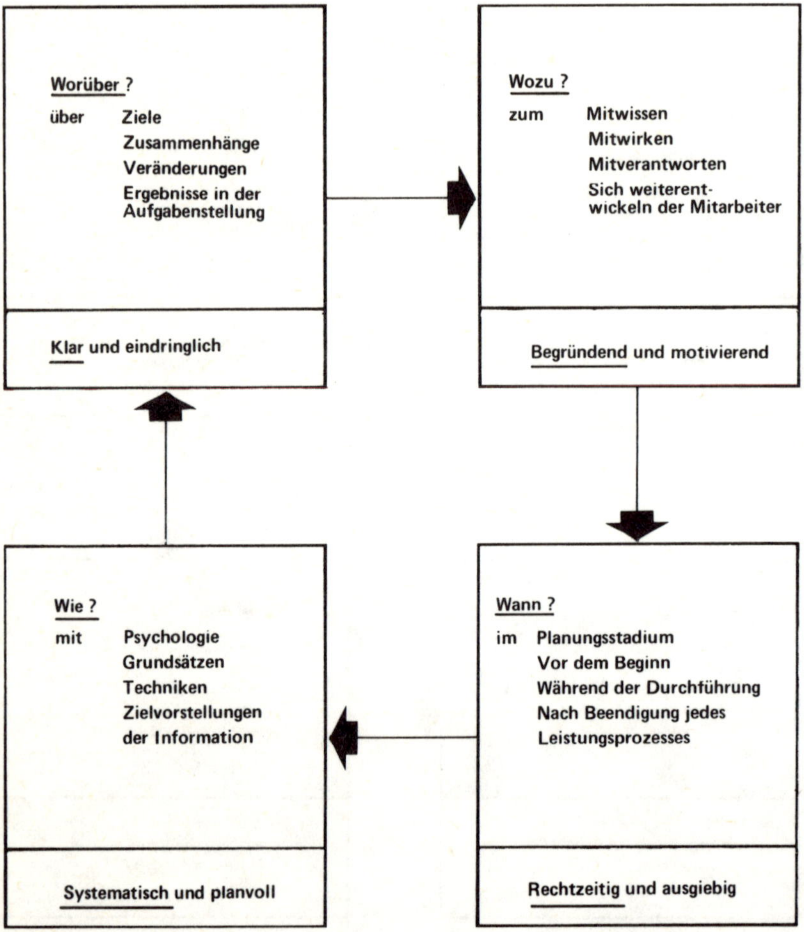

Abbildung 25

WIE FÜHRT MAN PROBLEMLÖSUNGSGESPRÄCHE?

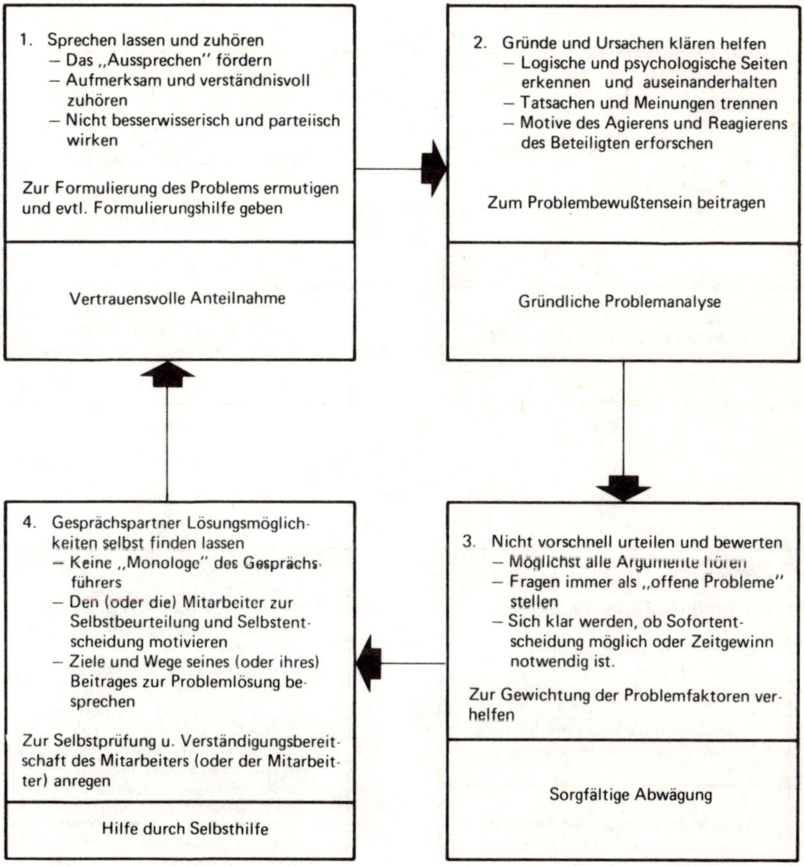

Abbildung 26

WIE BEHANDELT MAN BESCHWERDEN ?

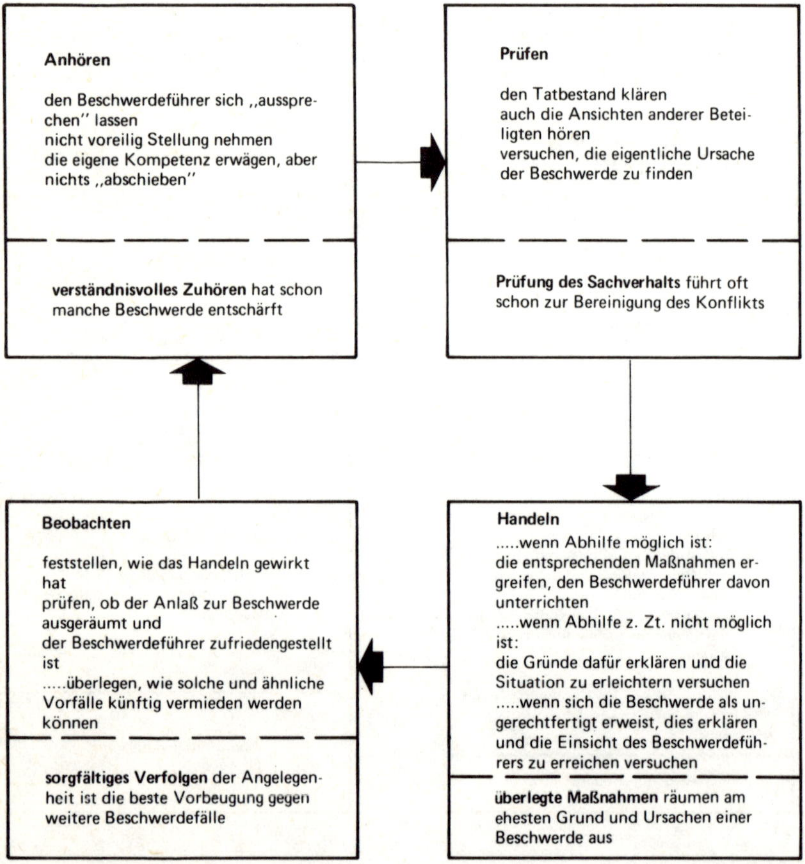

Abbildung 27

WIE VERHÄLT MAN SICH BEI PERSÖNLICHEN ANLIEGEN VON MITARBEITERN?

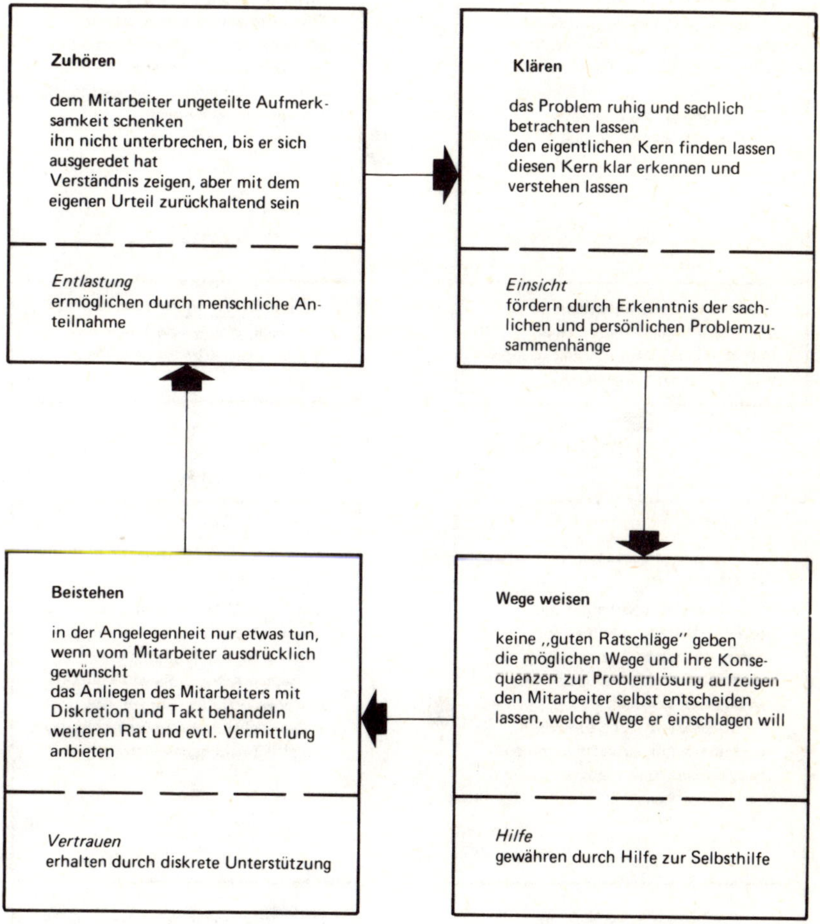

Abbildung 28

WIE FÜHRT MAN NEUE MITARBEITER EIN ?

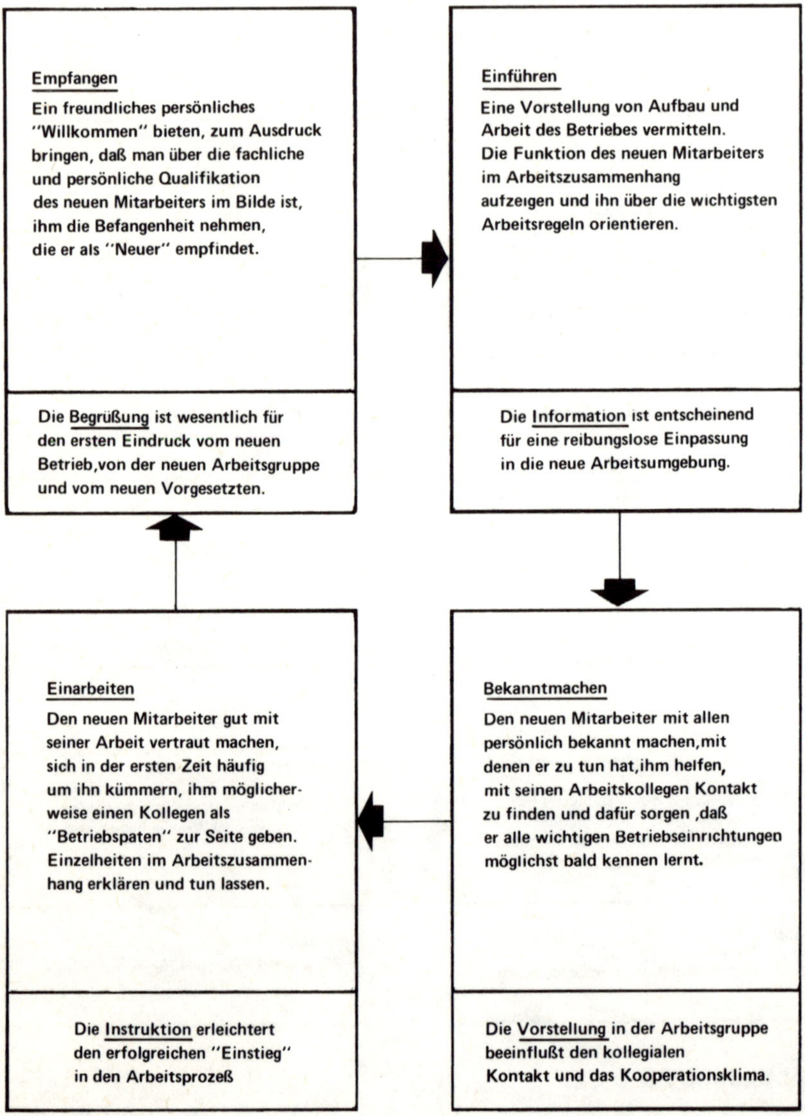

Abbildung 29

14 Motivationstraining

Inhaltsübersicht

Können wir unser Motivationsverhalten anderen gegenüber verbessern, wenn uns das wünschenswert erscheint? Wir wissen, wie schwierig es ist, sich – besonders in Konfliktsituationen – so zu verhalten, wie man möchte.

14.1 Bedeutung zwischenmenschlichen Verhaltens für die Leistungsmotivation

Welchen Einfluß besitzt das „Motivationsklima" auf den Leistungserfolg und die Kooperationszufriedenheit einer Arbeitsgruppe? Was „nützt" es den Beteiligten, wenn mehr Vertrauen und weniger Mißtrauen, mehr Solidarität und weniger Mißgunst, mehr Partizipation und weniger Resignation zwischen ihnen bestehen?

Überlegungen zur Leistungsmotivation im Arbeitsprozeß stimmen in der Erkenntnis überein:

Wenn Menschen zusammenarbeiten, wünschen sie sich wechselseitige Respektierung, Solidarität und Anerkennung. Sie empfinden ihre Arbeit befriedigender, wenn sie mit ihren Kollegen vertrauensvoll kooperieren, sich mit der Gruppe verstehen, deren Ziele mitbestimmen und darin ihre Fähigkeiten erfolgreich entfalten können.

Die Mitarbeiter im Betrieb wollen ihre Leistungen in einer Form der Zusammenarbeit erbringen, die ihr Selbstwertgefühl, Unabhängigkeitsbedürfnis und Mitwirkungsinteresse berücksichtigen. Sie sind in dem Maße leistungsbereiter und -fähiger, als ihnen Mitwissen, Mitentscheiden und Mitverantworten im Arbeitszusammenhang möglich ist.

Zwischenmenschliches Kooperations- und zielorientiertes Leistungsverhalten gelten immer mehr als einander bedingende Voraussetzungen für den Erfolg der betrieblichen Zusammenarbeit.

14.2 Ist Motivationsverhalten trainierbar?

Gibt es Möglichkeiten, Verhalten zu trainieren, d.h. Lehrmethoden und Übungsformen anzuwenden, um die Kooperations- und Leistungsmotivation in einer Arbeitsgruppe zu verbessern?

Um mögliche Mängel der bisherigen Motivationsweise wahrnehmen zu können und Wünsche zur „Kurskorrektur" zu verspüren, müssen Vorgesetzte und Mitarbeiter etwas mehr von zwischenmenschlicher Einfühlung, Verständigung und Wechselwirkung erkennen und erleben, ob und in welcher Weise Motivationsverhalten steuerbar ist.

Erfahrung mit Sensitivitäts-, Kommunikations- und Interaktionstrainings bestätigen, daß solche Fähigkeiten zu wecken, zu üben und weiterzuentwickeln sind. Es haben sich dabei sowohl gruppendynamische als auch individuelle Methoden bewährt.

14.3 Was leisten Trainingsseminare?

Anleitung zur Verhaltenssteuerung ist ein Vorgang, der sich in Stufen vollzieht. Grundvoraussetzung ist, sich die eigene Verhaltensproblematik bewußt zu machen und Selbsterfahrung in Erfolgs- und Mißerfolgserlebnissen zu sammeln. Daraus erwachsen Einsichten, wie Fehlverhalten entsteht, das auch gefühlsmäßig als Unzulänglichkeit empfunden wird und zu Verbesserungswünschen führt.

Schließlich können situationsbezogene Verhaltensmuster erarbeitet werden, die aber unterstützender Hilfen durch einzelne Kollegen oder durch die gesamte Arbeitsgruppe bedürfen, um unter Belastungen nicht zu versagen.

Wer sein Verhalten verbessern will, kann das selten unmittelbar durch eine Erkenntnis und durch einen Entschluß vollbringen. Es sind Lernschritte auf der rationalen und auf der emotionalen Ebene nötig.

Übungen dazu werden in Trainingsseminaren angeboten. Es handelt sich dabei um Verhaltensentscheidungen, Motivationstests und besonders um Rollenspiele.

Fallbeispiele beschreiben Motivationsprobleme und -konflikte, die in Kleingruppen und dann gemeinsam mit allen Seminarteilnehmern zu diskutieren, zu analysieren, zu beurteilen und zu entscheiden sind.

14.4 Informelle und formelle Rollenspiele

Das Motivationstraining wird noch realistischer, wenn ein „Fall" durch ein improvisiertes direktes Gespräch in exemplarischer Form gelöst wird.

Bei der Diskussion einer im Fallbeispiel geschilderten Konfliktlage zwischen zwei betrieblichen Vorgesetzten z.B. übernehmen zwei Diskussionsteilnehmer die Rollen der beiden in einen Streit verwickelten Abteilungsleiter, indem sie sich unmittelbar ansprechen und auseinandersetzen.

Man nennt diese Form der spontanen, freien Gestaltung von Rollen das informelle Rollenspiel.

Es kann sich, wie gezeigt, unmittelbar aus einer Fallanalyse entwickeln; man kann es aber auch organisiert in Gang setzen. Eine noch intensivere pädagogische Einflußnahme bietet u.U. das formelle Rollenspiel:

Die Spielteilnehmer werden ausgewählt, erhalten (wie Schauspieler) ihre schriftlich fixierte und im einzelnen klar umrissene Rolle und dürfen sich kürzere oder auch längere Zeit auf das Spiel ihrer Rolle vorbereiten.

Die Zuschauer kennen nur den allgemeinen Rahmen und teilweise die Vorgeschichte der betrieblichen Situation, die das Spiel auslöst. Sie erfahren einzelne Daten, Ereignisse und Entscheidungen des „Dramas" sowie Charaktere und Motivationen der „Akteure" erst im Spiel selbst. Ihre Aufgabe ist es, den Spielablauf und das Spielergebnis sowie das Verhalten der Spielenden in den einzelnen Spielmomenten zu beurteilen. Dies geschieht durch einen vorbereiteten „Beobachtungs- und Beurteilungsbogen".

Rollenspiele werden meist durch einen Videorecorder aufgenommen, um dann am Bildschirm einzelne Phasen des Spieles analysieren zu können.

Das Erleben des Spielerverhaltens bei den Zuschauern und das Erlebnis der eigenen Verhaltensweise und deren Folgen beim Spieler selbst, das Erkennen von Fehlern anderer und das Bewußtsein eigener Fehlaktionen und -reaktionen ist ein sehr wirkungsvoller Lernprozeß.

Für die Durchführung solcher Übungen, insbesondere für die Regie von Rollenspielen, ist ein kompetenter „Trainer" erforderlich, der den Trainingsprozeß arrangiert, moderiert und interpretiert.

14.5 Trainingsfeld: Kollegen- oder Mitarbeitergruppen

Motivationstraining in Seminarveranstaltung kann nur die Methodik der Verhaltenssteuerung vermitteln und die Bereitschaft dazu wecken. Der Steuerungsprozeß muß in der Arbeitsgruppe geschehen, indem die Gruppenmitglieder lernen, über ihre Motivationsprobleme und -konflikte zu sprechen und gegenseitige Steuerungshilfen zu vereinbaren.

Das Funktionsfeld selbst muß zum ständigen Trainingsraum werden. Motivationstraining ist am Arbeitsplatz zu vollziehen. Die Mitarbeiter in den Arbeitsgruppen sollten mit ihren Kollegen und ihrem Vorgesetzten über Motivationsprobleme reden, die dabei auftauchenden Fragen diskutieren sowie überlegen lernen, wie sie dieselben gemeinsam angehen und bewältigen.

14.6 Gruppengespräche: Training ohne Trainer

Wenn heute etwa 15–20% der Mitarbeiter einer Arbeitsorganisation mit Führungsaufgaben betraut sind und die Führungsspanne, d.h. die Zahl der dem jeweilig Führenden zugeordneten Mitarbeiter an der Basis durchschnittlich 10–15 beträgt, (in höheren Verantwortungsebenen unter 10), kann zu allen Trainingsprozessen vor Ort schwerlich ein kompetenter Anleiter beigestellt werden.

Weder stehen genügend Trainer als Praxisberater zur Verfügung, noch dürften sie in der erforderlichen Zahl organisatorisch und kostenmäßig einsetzbar sein.

Andererseits bieten die auf allen Stufen der betrieblichen Organisationsstruktur vorhandenen Kleingruppen die Chance, derartige Gruppengespräche zu institutionalisieren.

Man kalkuliert etwa alle 6 Wochen eine Stunde Trainingsbedarf. Das sollte angesichts des Nutzens, den selbst kleine Verbesserungen im Motivationsverhalten für den Betrieb und die Mitarbeiter bringen, machbar und zu verkraften sein.

Fallstudienbesprechungen in den Arbeitsgruppen können, wenn sie zur regelmäßigen Einrichtung werden sollen, nur als „Training ohne Trainer" durchgeführt werden.

14.7 Problemverfremdung durch Fallstudien

Gruppengespräche dürfen keine abstrakten Themen haben. Sie müssen konkrete Probleme behandeln.

Bei aktuellen Motivationskonflikten sind aber die Beteiligten meist affektiv „geladen". Es fällt ihnen schwer, etwas über ihre zwischenmenschlichen Spannungen auszusagen. Zumeist wollen sich Mitarbeiter auch gar nicht über „heiße Eisen" äußern.

Wir sprechen ungern über unsere Gefühle, besonders dann, wenn sie aus aktuellem Anlaß „aufgeheizt" sind.

In der Fallmethode jedoch werden nicht die eigenen Probleme, sondern die anderer Menschen geschildert und zur Diskussion gestellt. Indem der Diskussionsteilnehmer sich in eine Problematik eindenkt und einfühlt, die ihn nicht unmittelbar betrifft, erkennt und erfährt er dennoch seine eigenen Schwierigkeiten.

So kann in der Behandlung von Fallbeispielen das eigene Gefühlsleben „verfremdet" zum Gesprächsgegenstand werden. Man spricht nicht direkt und unmittelbar über seine eigenen Gefühle, sondern indirekt und mittelbar, indem man sich in die Gefühlslage anderer hineinversetzt und überlegt, wie man sich an der Stelle des anderen verhalten würde.

14.8 Vereinbarungen als Hilfen zur Motivationssteuerung

Über fremde Fallbeispiele, welche die Teilnehmer nicht persönlich betreffen, läßt sich leichter reden. Wichtig ist, daß die Gruppe übt, mit Fällen umzugehen. Sie gewinnt dabei Problembewußtsein, Selbsterfahrung und Einsichten auch bezüglich ihrer eigenen Verhaltensprobleme. Wer einsieht, daß er sich mitunter fehlverhält und sich damit zusätzliche Probleme schafft, wünscht in der Regel auch, sein Verhalten zu verbessern, um mit den Menschen seiner Arbeitsumgebung problemloser zurechtzukommen. Gegen seine eigenen „Untugenden" anzugehen, seinen Verhaltensschwächen entgegenzusteuern, ist für einen „Einzelkämpfer" sehr schwer. Besonders in kritischen Situationen können alle „guten Vorsätze" versagen,und der „alte Adam" tritt wieder in Erscheinung.

Wer sich Motivationssteuerung vornimmt, sollte das nicht für sich allein tun, sondern bei einzelnen Arbeitspartnern oder bei allen Kollegen seiner Gruppe unterstützende „Hilfestellung" suchen. Dies geschieht durch persönliche, wechselseitige Vereinbarungen, durch die Absprache von „Signalen", die auf ein evtl. Fehlverhalten rechtzeitig aufmerksam machen und dadurch die beabsichtigte Gegensteuerung verstärken.

14.9 Vorwegnahmen realer Motivationskonflikte

In regelmäßigen Fallstudien-Besprechungen bleibt es kaum aus, daß über die im Fallbeispiel geschilderten Motivationsprobleme anderer das Motivationsverhalten der am Gespräch Beteiligten selbst zur Sprache kommt.

Manchmal mag die Aussprache über einen Fall, der andere betrifft, wie die Vorwegnahme einer Situation empfunden werden, in welche die Beteiligten vielleicht selbst einmal kommen könnten.

Die Gruppe antizipiert ihre eigene Motivationsproblematik und beginnt zu überlegen: Was würden wir denn in einem solchen und ähnlichen Fall tun?

Aus dieser „Vorwegnahme" möglicher Motivationsprobleme bei sich selbst können sich kollegiale Hilfen zur besseren Motivationssteuerung entwickeln.

Vorgesetzte und Mitarbeiter üben mittels der Fallmethode zwischenmenschliches Einfühlungsvermögen, verstehen und handeln im Hinblick auf die Bewältigung des künftigen „Ernstfalles".

14.10 Der Prozeß des Motivationstrainings

Motivationsbereitschaft und -fähigkeit zu verbessern, ist keine einmalige Aktion, sondern ein permanenter Lernprozeß, der nur in einer Kombination, in einer Art „Regelkreis", von drei Maßnahmen gelingen kann:

Seminarübungen, vor allem für Führungskräfte, die schließlich für das Motivationsklima in ihrem Zuständigkeitsbereich veranwortlich sind, vermitteln Trainingsanleitung. In Gruppengesprächen geschieht Training ohne Trainer „vor Ort". Persönliche Vereinbarungen bringen Unterstützung für den Trainingserfolg.

Teil II

Fallbeispiele aus der Praxis

Die im folgenden Übungsteil angebotenen Fallbeispiele dienen dazu, verschiedene Formen des Motivationsverhaltens zu trainieren, die jeder praktizieren muß, der sich selbst und andere zur Zusammenarbeit und Leistung motivieren will.

Jede Übung hat, um das angestrebte Verhalten zu erreichen, drei Lernziele: Die Verbesserung von Motivationswissen und -problembewußtsein, von Motivationskönnen und -einsichten, von Motivationserfahrung und -verhalten (s. Abb. 30).

Der Fall: **„Werksleiter gesucht"** will *Mut zur Entscheidung motivieren.* Dafür müssen aber alle, die Entscheidungen zu treffen haben, lernen, ihre Ängste zu erkennen, ihre emotionalen Reaktionen zu steuern und Hilfen von seiten ihrer Arbeitspartner zu vereinbaren.

Bei den folgenden Fällen sind die Übungsziele und die dafür notwendigen Lernziele folgende:

Der Fall: **„Lehrgangsteilnehmer"**

Akzeptieren von Entscheidungen
- Rolle der Selbst- und Mitbestimmung einsehen
- Mitentscheidung der Gruppe wollen
- Beteiligungsformen an der Entscheidungsbildung praktizieren

Der Fall: **„Der hilfsbereite Systemprüfer"**

Aktive Informationsbeschaffung
- Bedeutung der Information als Voraussetzung mitverantwortlicher Tätigkeit begreifen
- Formen der Informationsübertragung deutlich machen
- Information auch als „Holpflicht" des Mitarbeiters betrachten

Der Fall: **„Mehr Kompetenzen"**

Delegationsbereitschaft
- Methoden und Ziele beim Delegieren definieren
- Delegationshemmnisse erklären
- Furcht, Unsicherheit und Angst überwinden

Der Fall: **„Zur Beförderung geeignet"**

Qualitätive Nachwuchsplanung
- Arbeitsverhalten beobachten
- Lernfähigkeit und -bereitschaft berücksichtigen
- „Beurteilungsbilanz" erstellen

Der Fall: **„Führungsfähigkeit"**

Beurteilungsverhalten
- Beobachtungs- und Bewertungsschwächen abbauen
- Beurteilungsgespräche kultivieren
- Probleme verarbeiten

Der Fall: **„Aufstiegsberatung"**

Förderungsmaßnahmen
- Förderungsgründe und -aufgaben wissen
- Methoden beherrschen
- Entscheidungshilfen geben

Der Fall: **„Neuer Abteilungsleiter"**

Lösung von Personalproblemen
- Situation analysieren
- Eigene Mitverursachung prüfen
- Lösungsmöglichkeiten abwägen und sich zielgerecht entscheiden

Der Fall: **„Drohende Pensionierung"**

Einarbeitung eines Nachfolgers
- Interessen des Partners durchschauen
- Kritik und Selbstkritik üben
- Einstellungsänderung erleichtern

Der Fall: **„Kollegen-Ulk"**

Gegenseitiges Verständnis
- Die eigene Reaktion testen
- Verhaltensrichtungen und -methoden erfahren
- Sich verhältnismäßig beraten lassen

Der Fall: **„Verärgerte Mitarbeiter"**

Kollegiale Partnerschaft
- Verhaltensmöglichkeiten bewußt machen
- Verhaltensalternativen aufzeigen
- Persönlichkeitsreife und Gemeinschaftsgefühl verstärken

Der Fall: **„Beziehungsstörung"**

Verarbeitung sozialer Konflikte
- Sich in andere einfühlen
- Zwischenmenschliche Sensitivität verfeinern
- Wechselseitige Gefühle äußern

Der Fall: **„Technische Neuerungen"**

Bejahung von Veränderungen
- Befürchtungen voraussehen
- Emotionale Zuwendung, Beteiligung und Ermutigung gewährleisten
- Gemeinschafts-, Verantwortungs- und Sicherheitsgefühle vermitteln

Der Fall: **„Arbeitsstreß"**

Selbstkontrolle der persönlichen Arbeitsgestaltung
- Selbsterkenntnis initiieren
- Sich systematischer Methoden gegen Arbeitsüberlastung bedienen
- Sich kollegiale Steuerungshilfen verschaffen

Der Fall: **„Der eilige Auftrag"**

Sondereinsatz
- Führungsfehler vermeiden
- Sich dem Problem stellen
- Sich für Fehlverhalten entschuldigen

Der Fall: **„Verunsicherte Kollegin"**

Solidarität
- Zwischenmenschliche Probleme bemerken
- Kooperationsklima schaffen
- Problemlösungsgespräche führen

Der Fall: **„Hilfe, Unfall!"**

Beachtung der Arbeitssicherheit

- Problembewußtsein schärfen
- Ursachen-Netz verdeutlichen
- Menschliches Versagen und soziale Fehlleistungen vermindern

Diese Übungen eines Motivationstrainings können die Leser im Selbststudium durcharbeiten. Die Fallbeispiele sind aber auch für Lernprozesse in Kollegen- und Mitarbeitergruppen und für Seminarveranstaltungen geeignet.

MOTIVATIONSTRAINING VERBESSERT:

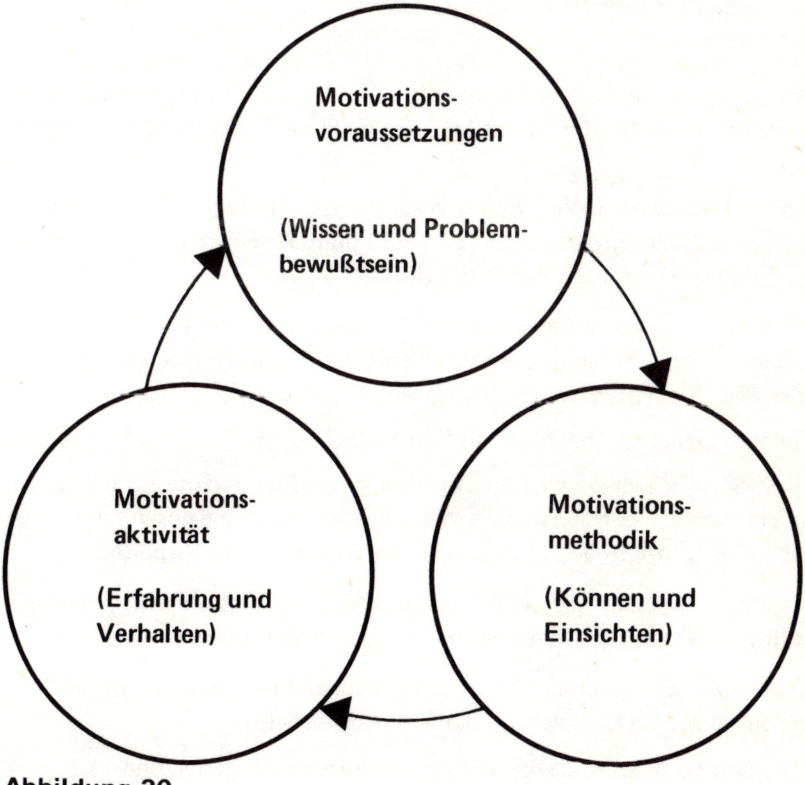

Abbildung 30

1 Der Fall: „Werksleiter gesucht" oder: Wie motiviert man Mut zur Entscheidung?

Inhaltsübersicht

Georg Winkler, Geschäftsführer der ABC-GmbH, will in Neunkirchen (150 km vom Stammsitz der Firma entfernt) ein Zweigwerk mit 400 Beschäftigten errichten.

Für die Leitung des neuen Werkes kommen nach Prüfung der Personalakten drei seiner leitenden Mitarbeiter infrage. Er muß sich entscheiden und spricht darüber mit seinem Assistenen Knut Holmer:

Winkler: „Aus den Personalakten geht hervor, daß die drei von mir ins Auge gefaßten Herren, es handelt sich um Werner Roth, Kurt Hornberger und Siegfried Jäger, auch bereit wären, ihren Wohnsitz zu wechseln."

Holmer: „Jeder von ihnen wäre m.E. geeignet."

Winkler: „Auch im Hinblick auf Ausbildung und Berufserfahrung müssen sie als ebenbürtig angesehen werden. Aber ist vielleicht jemand unserer Aufmerksamkeit entgangen, oder möchten Sie einen anderen Vorschlag machen?"

Holmer: „Wir könnten uns nur auf dem Arbeitsmarkt umsehen, aber wir wollen ja keinen neuen Mann einstellen. Und jemand anders aus der Firma?

Herr Goltz konnte sich noch nicht profilieren, und Herr Taupert hat sich hier am Ort gerade ein Haus gebaut. Der will nicht umziehen.

Ich würde auch sagen, die drei von Ihnen ausgesuchten Herren sind o.k.!"

Winkler: „Aber nur einer kann Werksleiter werden, und die Angelegenheit eilt. Die Werbeabteilung plant eine Informationsschrift über das neue Werk und verlangt nähere Angaben von mir. Die Bauabteilung hat auch schon angefragt, wer Werksleiter wird; sie braucht Entscheidungen wegen der Einrichtung. Last not least will die Personalabteilung Direktiven wegen der Einstellung von Mitarbeitern. Ich muß mich entscheiden. Und dabei kommen mir doch noch Zweifel, ob einer der drei richtig ist.

Ich sehe da einige Führungsschwächen.

Ich hatte noch an Förderungsmaßnahmen gedacht, aber da jetzt die Zeit drängt, kann ich nur noch den relativ besten unter den Dreien auswählen. Und dabei bitte ich um Ihre Unterstützung."

Holmer: „Selbstverständlich, so gut ich kann!"

Winkler: „Wir müssen zuerst wissen, welche Zielvorstellungen wir haben, und was der neue Werksleiter vor allem können muß."

Holmer: „Das ist richtig!"

Winkler: „Denken Sie daran, daß er von Anfang an vorwiegend auf sich gestellt ist. Wir können ihn von hier aus kaum unterstützen, da wir selbst kaum wissen, wie wir unsere Arbeit bewältigen sollen."

Holmer: „Sie müssen den Mann wählen, der den größten Mut zur Entscheidung besitzt. Betrachten wir die drei Herren einmal unter diesem Gesichtspunkt:

Werner Roth ist immer rasch mit seinen Entscheidungen. Dadurch hat er schon einige Schwierigkeiten verursacht. Kürzlich sollte er eine Änderung im Arbeitsablauf mit Hilfe eines DV-Programms organisieren.

Da er – wie immer schnell von Entschluß – einige wichtige Anforderungen nicht bedachte, klappte das Programm nicht, und es gab Kosten und Ärger.

Fritz Hornberger kann bei seinen Entscheidungen das Persönliche nicht ausschließen. Oft begünstigt er seine „Lieblinge", wie kürzlich bei einer Beförderung. Das gab böses Blut unter den übrigen Mitarbeitern. Einer hat schon seine Versetzung beantragt und ausdrücklich betont, daß er die ungerechte Behandlung durch Herrn Hornberger, besonders bei personellen Entscheidungen, nicht mehr akzeptieren könne.

Siegfried Jäger trifft seine Entscheidungen sehr zögernd. Er wägt alle Möglichkeiten lange hin und her, weil er jeden Fehler vermeiden möchte. So wurden z.B. in seiner Abteilung dringend mehrere neue Kopiermaschinen benötigt.

Er ließ verschiedene Angebote einholen und stellte wochenlang Preis- und Markenvergleiche an. Erst vor 14 Tagen entschloß er sich zu einem Modell. In der Zwischenzeit entstanden erhebliche Kosten, weil notwendige Kopieraufträge nach außerhalb vergeben werden mußten."

Bevor Herr Winkler eine endgültige Entscheidung über den neuen Werksleiter trifft, spricht er mit jedem der drei genannten Herren. Dabei kommt es zu den nachfolgenden Gesprächen:

Winkler: „Herr Roth, erlauben Sie mir eine grundsätzliche Frage: Sind Sie erleichtert, wenn Sie einen Entschluß gefaßt haben?"

Roth: „Ja, sicher, das wird wohl jedem so gehen!"

Winkler: „Nur, wenn ich merke, daß ich mich übereilt entscheiden will, dann prüfe ich mich doch, ob ich das nur tue, um die Verantwortung loszuwerden."

Roth: „Das mag sein. Ich kann nur von mir sagen, daß mir immer wohler zumute ist, wenn ich erst einmal genau weiß, was ich will. Unentschlossenheit macht mich nervös!"

Winkler: „Herr Hornberger, ich glaube, es ist menschlich, Sachverhalte und Menschen subjektiv zu betrachten. Wir bauen uns unsere eigene „Weltanschauung" und meinen, daß wir von unserem Blickpunkt aus Probleme und Aufgaben besser lösen können. Nur: So einfach ist das Leben nicht!"

Hornberger: „Das verstehe ich nicht."

Winkler: „Wenn man sich nur auf einen vertrauten Kreis von Menschen einstellt und sich gegen neue Beziehungen sperrt, dann engt man seinen Handlungsspielraum ein. Man kocht zu sehr im eigenen Saft, bekommt nicht genügend Informationen und legt sich in seinen Entscheidungen fest, ohne Alternativen zu sehen."

Winkler: „Herr Jäger, habe ich recht, wenn ich feststelle, daß Sie immer neue Informationen suchen, obwohl Sie eigentlich schon alles haben, was Sie für eine Entscheidung benötigen?

Ich habe den Eindruck, daß Sie alle Ihre Überlegungen mehrmals überprüfen, ehe Sie sich entschließen."

Jäger: „Genau, Herr Winkler, meine Frau sagt auch oft zu mir, Du mit Deinem Perfektionswahn!"

Winkler: „Ist es nun Perfektionswahn, oder fehlt es an Entschlußkraft, Herr Jäger?"

Nach den Gesprächen mit den drei „Werksleiter-Anwärtern" läßt Herr Winkler seinen Assistenten Holmer zu einer Unterredung bitten. Dabei kommt es zu folgendem Dialog:

Winkler: „Ich habe inzwischen mit den Herren Roth, Hornberger und Jäger gesprochen. Das Ergebnis: Drei verschiedene Verhaltensweisen bei Entscheidungsschwierigkeiten. Jeder versucht auf eine andere Art, mit seinen Unsicherheiten und Ängsten fertig zu werden."

Holmer: „Herrn Jägers Unsicherheit, d.h. sein langes Prüfen der Angebote kann ich noch am ehesten verstehen. Aber Herr Roth hat doch keine Ängste gehabt. Der wollte m.E. seinen Auftrag zügig erledigen, sozusagen „ohne Rücksicht auf Verluste"."

Winkler: „Roth findet es unerträglich, nicht gleich die richtige Lösung zu finden, das macht ihn nervös. Um möglichst schnell aus seiner Unsicherheit herauszukommen, entschließt er sich lieber blitzschnell."

Holmer: „Und warum verhält sich Herr Hornberger bei seinen Entschlüssen so subjektiv?"

Winkler: „Ich glaube, der fühlt sich nur wohl, wenn er von einem vertrauten Kreis von Menschen abgestützt wird."

Holmer: „Genau, das ist es!"

Winkler: „Deshalb handelt er nach dem Wahlspruch: „Keine Experimente" und bevorzugt Menschen und Maschinen, die ihm nicht fremd sind."

Holmer: „Wenn ich Sie recht verstehe, muß man, um sich richtig entscheiden zu können, seine eigenen Zweifel und Ängste akzeptieren und schließlich mit ihnen fertig werden, damit man zu einem Entschluß kommt."

Winkler: „Wir dürfen uns nur nicht verhehlen, daß jede Entscheidung mit einem Risikofaktor belastet ist, den uns keiner abnimmt. Wir können nicht alles mit Sicherheit vorausberechnen. Und: Nicht das Risiko selbst, sondern die Angst davor, die Art und Weise, wie man darauf reagiert, sind die Ursachen von falschen Entscheidungen."

Holmer: „Das heißt also, man muß erst einmal mit seiner eigenen Unsicherheit fertig werden, dann ist man schon auf dem richtigen Wege!"

Winkler: „Davon bin ich überzeugt!"

Dieses Fallbeispiel motiviert zu zwei Fragen:

1. Was würden Sie in der Situation von Werner Roth, Kurt Hornberger und Siegfried Jäger tun, um ihre Entscheidungsfähigkeit zu verbessern?
2. Wen würden Sie anstelle von Georg Winkler zum Werksleiter ernennen? Warum würden Sie sich gerade für diesen Mitarbeiter entscheiden?

1.1 Entscheider-Typologie

Klein-Gruppen (je 3–5 Teilnehmer) sollten sich zunächst die Frage stellen: Wo sehen wir die Stärken und die Schwächen der Herren Roth, Hornberger und Jäger im Hinblick auf ihre Entscheidungsfähigkeit, und wie denken die Herren selbst darüber?

Roth würde antworten: „Die Hauptsache ist, eine Entscheidung wird schnell getroffen, eine absolut richtige gibt es ohnehin nicht."

Hornberger könnte erklären: „Eine gute Entscheidung kann nur der treffen, der seine ureigenste Überzeugung vertritt."

Jäger würde meinen: „Erst wenn man alle Umstände genau geprüft hat, kann man zu einer guten Entscheidung kommen."

Roth ist ein schneller Entscheider. Er schließt das Risiko bewußt mit ein.

Hornberger ist ein subjektiver Entscheider. In seinen Entschlüssen steckt die Gefahr der Einseitigkeit.

Jäger ist ein sorgfältiger Entscheider. Das erfordert einen großen Zeitaufwand.

Die Gruppen werden abwägen müssen, welcher Entscheidertyp als Werksleiter in der „Pionierphase" eines Werksaufbaues am notwendigsten ist.

Eine Kombination aus allen drei Typen wäre die beste Lösung. Da jedoch die drei infrage kommenden Kandidaten einen jeweils extremen Entscheidungsfall repräsentieren, ist zu fragen, ob die vorgesehene Position mehr rasche, mehr sorgfältige oder mehr selbstbezogene Entscheidungen erforderlich macht.

Die Antwort könnte lauten: Rasch und richtig ist wichtig! Mit welchem Entscheidungsstil wird man diese Forderung am besten erfüllen können?

1.2 Rationales und emotionales Lernen

Die Ursache für Entscheidungsschwächen kann bei methodischen Mängeln oder in Verhaltensmängeln liegen. Die Methoden lassen sich durch rationale Lernprozesse verbessern. Eine Optimierung des Entscheidungsverhaltens macht emotionale Lernprozesse notwendig.

Rationales Lernen läßt sich gut organisieren und zeigt meist sofort sichtbare Erfolge.

Emotionales Lernen ist nur in einem längeren Prozeß möglich. Ergebnisse der Verhaltenssteuerung werden langsam, manchmal erst nach längerer Zeit sichtbar.

Die Übersicht „Verbesserungsmöglichkeiten der Entscheidungstechnik und -psychologie" zeigt, was Roth, Hornberger und Jäger primär methodisch und in ihrem Verhalten lernen müßten (s. Abb. 31).

Die Kleingruppen sollten sich zunächst fragen, welche methodischen Schritte am leichtesten erlernbar sind.

Die richtige Reihenfolge sieht so aus:

1. Fakten sammeln und auswerten.
2. Alternativen erwägen.
3. Risiken einkalkulieren.

Bei der schwierigen Verhaltenssteuerung dürfte es noch am leichtesten sein, die „Flucht nach vorn" zu bremsen, leichter jedenfalls, als „Barrieren" zu überwinden.

Das größte Problem liegt wohl im Aufgeben der „Selbsteinigelung".

Die Möglichkeiten zur Verbesserung des Entscheidungsstils sind nun zueinander ins Verhältnis zu bringen, d.h. in den Gruppen müßte diskutiert werden, wie sich der methodische und der verhaltensmäßige Lernbedarf bei den Herren Roth, Hornberger und Jäger prozentual verteilen.

Die Gruppen sollten ihre jeweiligen Entscheidungen auf den Bandbreiten der drei Kandidaten eintragen.

1.3 Die Auswahl des Werksleiters

Die Übersicht „Verbesserungsmöglichkeiten ...“ wird den Gruppen auch helfen, die zweite Frage zu beantworten. Georg Winkler muß den Mitarbeiter als Werksleiter einsetzen, von dem er am ehesten erwarten kann, daß er seine Entscheidungsschwächen verbessert.

Wenn die Beurteilung ergibt, daß bei Roth der methodische Lernbedarf zum Verhaltensbedarf 60:40, bei Hornberger 20:80 und bei Jäger 40:60 ausmacht, muß Georg Winkler Herrn Roth zum Werksleiter ernennen.

1.4 Hilfen zur Verhaltenssteuerung

Ergänzend muß noch die Frage 1 bemerkt werden, daß zur Verbesserung von Methoden und Verhalten Hilfen von außen notwendig sind, wenn die eigenen Bemühungen nicht genügen, was vor allem bei Prozessen der Verhaltenssteuerung zu erwarten ist.

Wenn ein Mitarbeiter erkennt, daß ihm richtiges Entscheiden schwerfällt und er will dies ändern, sollte er seinen Arbeitspartner – sei es nun der Kollege oder der Vorgesetzte, besser noch die Arbeitsgruppe, mit der er zusammenarbeitet – bitten, ihm bei Entscheidungsproblemen beizustehen, indem sie ihm signalisieren, daß er sich bald und richtig entscheiden muß.

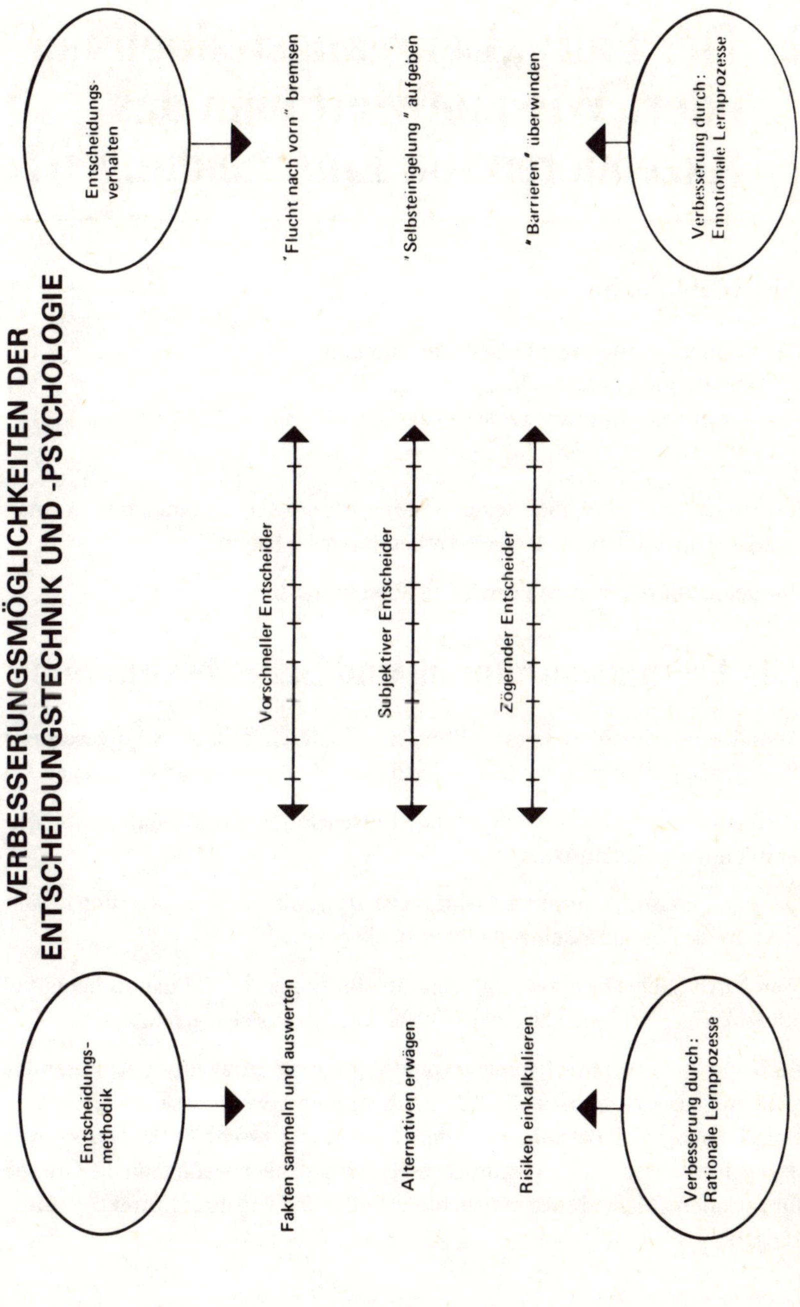

Abbildung 31

2 Der Fall: „Lehrgangsteilnehmer" oder: Wie motiviert man das Akzeptieren von Entscheidungen?

Inhaltsübersicht

Ein Vorgesetzter muß unter seinen 15 Mitarbeitern einen Teilnehmer für einen Lehrgang auswählen, an dem alle großes Interesse haben.

Wie gelingt ihm das, ohne Frustration hervorzurufen?

2.1 Fremdbestimmung und Selbstbestimmung

Wenn wir uns durch die Entscheidung eines anderen (z.B. eines Vorgesetzten) übergangen fühlen, sind wir unzufrieden und rebellieren innerlich dagegen.

Treffen wir jedoch die unbefriedigende Entscheidung selbst, werden wir leichter mit unserer Enttäuschung fertig.

Die sog. „Fremdbestimmung" wird meist als negativ empfunden, und es fällt uns schwer, Beschlüsse eines anderen zu akzeptieren.

Wer durch „Selbstbestimmung" eine für ihn ungünstige Situation heraufbeschworen hat, steht eher zu einem Entschluß, den er selbst gefaßt hat.

Eine von außen an uns herangetragene Zumutung ertragen wir schwerer, als wenn wir sie uns selbst aufgeladen haben. Selbst wenn eine unangenehme Entscheidung den Betroffenen rational begründet erscheint, lehnen sie sich dagegen auf. Man kann sich zurückgesetzt fühlen, auch wenn man die Gründe für getroffene Maßnahmen einleuchtend findet und von ihrer Korrektheit überzeugt ist.

Will ein Vorgesetzter erreichen, daß eine unpopuläre Führungsentscheidung von den Mitarbeitern nicht nur verstandesmäßig, sondern auch emotional „angenommen" wird, muß er sie an der Entscheidungsfindung beteiligen.

2.2 Die richtige Entscheidung

Wir setzen bei unserem Fallbeispiel voraus, daß nicht irgendein Mitarbeiter zu dem Lehrgang gemeldet werden soll – sonst könnte man ihn ja durch das Los feststellen – sondern ein ganz bestimmter, z.B. der zuverlässigste, oder einer, der sich durch Leistung und Verhalten vor den anderen ausgezeichnet hat.

Eine Entscheidung durch das Los gilt im allgemeinen als eine Art „Selbstbestimmung", weil der einzelne durch das Ziehen des Loses selbst darüber entscheidet, ob er ein „Glückspilz" ist.

Die Gruppe, die hier zur Debatte steht, besitzt auch kein bereits anerkanntes Beurteilungs- und Ausleseverfahren, das in solchen Fällen in Funktion treten könnte.

Wir fragen uns, ob es für die Alltagspraxis erprobte Vorgehensweisen gibt, die einerseits verbürgen, daß der „richtige Mitarbeiter" ausgewählt wird und außerdem die psychologisch notwendige Beteiligung aller Betroffenen an diesem Ausleseprozeß möglich machen.

Da ähnliche Fälle im betrieblichen Tagesgeschehen öfter vorkommen, sollte der Fall „Lehrgangsteilnehmer" in Seminarveranstaltungen behandelt oder auch in Arbeitsgruppen anläßlich von Dienstbesprechungen erörtert werden.

Dabei empfiehlt es sich, Kleingruppen von jeweils drei Personen zu bilden, die getrennt voneinander nach möglichen Wegen zum richtigen Entscheidungsziel suchen und ihren nach ihrer Ansicht besten Vorschlag im Plenum zur Diskussion stellen. Die folgenden Überlegungen möchten dabei Hilfestellung leisten.

2.3 Formen der Mitentscheidung

Der Vorgesetzte könnte z.B. seine Mitarbeiter zu einer Besprechung einladen, sie über den bevorstehenden Lehrgang unterrichten und gleichzeitig begründen, warum nur einer von ihnen den Lehrgang besuchen kann. Anschließend könnte er fragen, wie nach ihrer Meinung die Auswahl vor sich gehen sollte. Möglicherweise sagen die Mitarbeiter: „Wir wollen uns nicht in eine Sache einmischen, die unseren Kollegen Vorteile, aber auch Nachteile einbringen kann. Wir halten es für das Beste, wenn Sie die Auswahl treffen, und wir nehmen dann Ihre Entscheidung an."

Der Vorgesetzte hätte damit die Legitimation für seine Entscheidung erhalten.

Für die einzelnen Mitarbeiter bliebe die „Fremdbestimmung" bestehen, aber da alle dieser Regelung zugestimmt haben, würde zugleich eine „Mitbestimmung" ausgeübt.

Die Gruppe könnte auch eine „Kommission" vorschlagen, die sich z.B. aus dem Vorgesetzten und zwei Mitarbeitern zusammensetzt und über die Auswahl des Lehrgangsteilnehmers befindet. Auch dann fände eine Mitbestimmung statt.

Der Lehrgangsteilnehmer könnte aber auch von allen „gewählt" werden. Damit wäre eine Mitentscheidung durch Selbstbestimmung gewährleistet, da jeder sich selbst mit seiner Stimme einbringt.

Ein Wahlverfahren, das am ehesten sicherstellt, daß der „Richtige" gewählt wird, ist das Rangreihen-Verfahren.

Dabei muß sich die Gruppe zunächst mit ihrem Vorgesetzten über die Auswahlkriterien einigen. Dann bekommt jeder eine alphabetische Liste mit sämtlichen Namen, und der einzelne Mitarbeiter entscheidet, wen er für den relativ besten, zweitbesten, drittbesten usw. Kandidaten hält.

Das „Zusammenrechnen" aller einzelnen Bewertungen ergibt die Gesamtrangreihe, bei der die Nummer 1 den ausgewählten Lehrgangsteilnehmer ausweist.

Die „richtige Entscheidung" ist bei diesem Verfahren besser gesichert, als eine einfache Wahlentscheidung bei relativ wenigen miteinander konkurrierenden Kandidaten. Die Rangreihe muß allerdings geheim bleiben, weil sonst Unstimmigkeiten und Rivalitäten unter den Mitarbeitern hervorgerufen werden könnten.

Die Teilnahmeform am Auswahlprozeß, die den größten Selbstbestimmungscharakter verbürgt, hat die meisten Aussichten, von allen akzeptiert zu werden.

Es geht um einen Test. Wenn die Testbedingungen vereinbart und damit auch angenommen worden sind, hat jeder die gleichen Chancen, als „Sieger" hervorzugehen und bestimmt sein Abschneiden im Wettbewerb selbst (s. Abb. 32).

Die hier beschriebenen Formen der Partizipation, d.h. der Beteiligung an Führungsentscheidungen besitzen verschiedene Motivationskraft, um zu bewirken, daß sich eine Gruppe mit Entscheidungszielen identifiziert und Entscheidungen selbst akzeptiert.

MOTIVATION ZUR AKZEPTIERUNG EINER ENTSCHEIDUNG

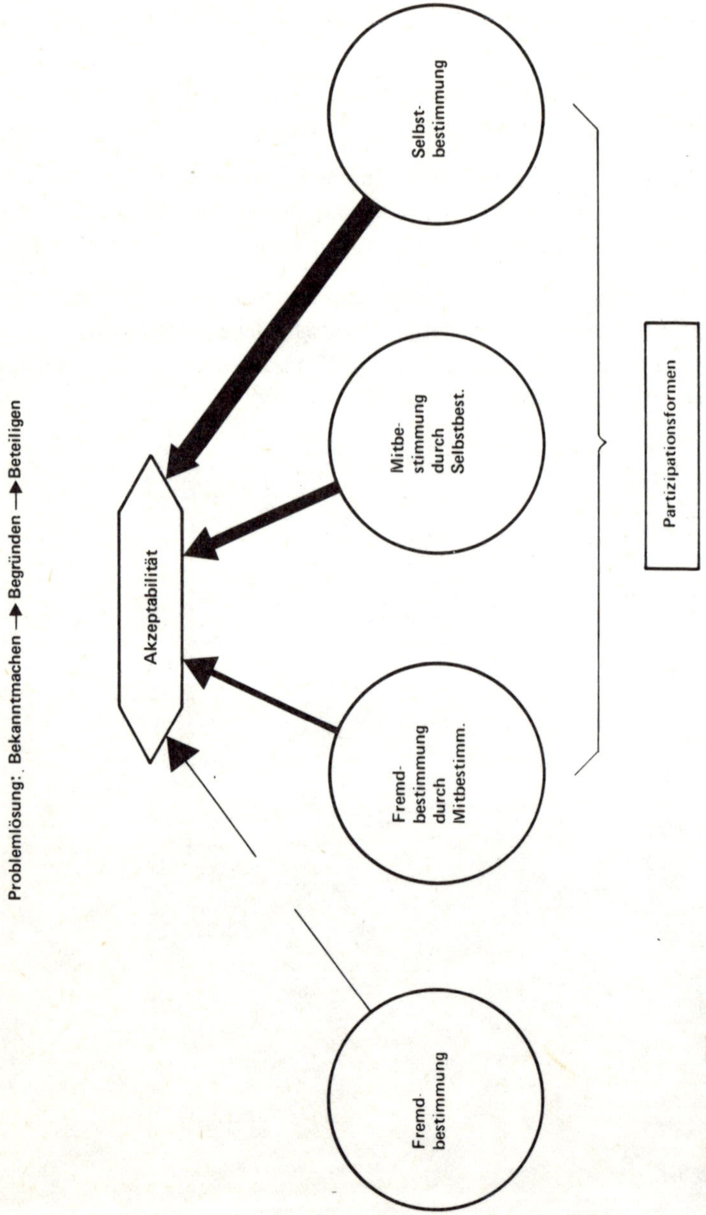

Abbildung 32

3 Der Fall: „Der hilfsbereite Systemprüfer" oder: Wie motiviert man aktive Informationsbeschaffung?

Inhaltsübersicht

Ein Systemprüfer bekommt von seinem Meister den Auftrag, eine Maschine bis 17 Uhr auszuprüfen.

Als er gerade mit seiner Arbeit begonnen hat, kommt der Meister einer anderen Werkstatt – außerdem sein Schwager – und bittet ihn, so schnell wie möglich eine ausgefallene Maschine zu reparieren (was als betriebsinterne Hilfeleistung durchaus üblich ist).

Der Prüfer zieht diese Arbeit seiner eigenen vor. Da sein Meister bei einer Besprechung ist, kann er ihm die Änderung in seiner Arbeitsplanung nicht mitteilen.

Es ist verständlich, daß er um 17 Uhr mit der Prüfung der Kundenmaschine noch nicht fertig ist.

Erst jetzt erfährt der Prüfer, daß sie um 17 Uhr verschickt werden sollte. Der Lastwagen wartet bereits vor der Werkstatt.

Der Meister wird von seinem Vorgesetzten wegen der Verzögerung scharf getadelt und bestellt den Prüfer am nächsten Morgen zu sich.

3.1 Rollenspiele

In einem Seminar für Personalführung läßt sich der vorliegende Fall gut in Rollenspielen aufarbeiten.

Der Seminarleiter bildet – falls er den Fall dreimal durchspielen will – aus dem Teilnehmerkreis sechs Gruppen.

Die Gruppen 1 bis 3 bekommen die Aufgabe, den Fall aus dem Blickwinkel des Meisters zu besprechen und aus ihrer Mitte je einen Spieler zu gewinnen, der bereit ist, die Rolle des Meisters zu übernehmen.

Die Gruppen 4 bis 6 sollen den Fall vom Blickpunkt des Systemprüfers aus besprechen und gleichfalls je einen Spieler wählen, der die Rolle des Systemprüfers übernimmt. Das Los entscheidet, wer von den drei „Meistern" und „Systemprüfern" im ersten, zweiten und dritten Spieldurchgang zusammen „auftreten" wird.

Die übrigen Seminarteilnehmer beobachten die Rollenspiele, die mitten im Seminarraum in einem improvisierten „Meister-Büro" vor sich gehen, d.h. als „Requisiten" werden ein Schreibtisch mit je einem Stuhl „dahinter" und „davor" benötigt.

3.2 Faktoren der Beobachtung

Bei den vorgesehenen drei Spielern wird die Redezeit der Gesprächspartner gestoppt.

Eine Gruppe wird beauftragt, die Eröffnungsphase des Gespräches zu beobachten, d.h. sie stellt fest, wie der Systemprüfer das Büro betritt, wie der Vorgesetzte ihn begrüßt und wer mit welchen Worten das Gespräch eröffnet.

Eine andere Gruppe achtet auch den Abschluß der drei Spiele, d.h. sie registriert, wer das Gespräch mit welchen Worten beendet, wie der Meister den Systemprüfer verabschiedet und in welcher Haltung dieser das Büro verläßt.

Bei der Eröffnungs- und Abschlußphase spielen Gestik und Mimik ebenso eine Rolle wie Inhalt und Ton der gesprochenen Worte.

Zur Bewertung werden den beiden Gruppen – wie beim Eislauf – sechs Noten gegeben, wobei sechs die höchste Bewertung darstellt.

Eine dritte Teilnehmergruppe bekommt die Aufgabe, bei jedem Spiel zu beobachten, wieviel Prozent der Spielzeit auf die inhaltlichen Faktoren, d.h. auf die Klärung, die Bereinigung und die Vereinbarung zur künftigen Vermeidung ähnlicher „Fälle" verwendet werden (s. Abb. 33).

Ist ein Video-Recorder vorhanden, sollten die Rollenspiele, die auf jeweils sieben Minuten begrenzt werden (der Meister weiß, daß in sieben Minuten ein wichtiger Kunde kommt), aufgenommen werden.

Auf diese Weise lassen sich Mimik und Gestik besser analysieren, und die Spieler haben Gelegenheit, ihr Verhalten kritisch zu beobachten.

3.3 Die Redezeiten

An den meist unterschiedlichen Redezeiten von „Meister" und „Systemprüfer" läßt sich ablesen, wer bei dem Gespräch „das Heft in der Hand hat".

Erfahrungsgemäß dominiert bei diesem Rollenspiel meist der Vorgesetzte, indem er ⅔ der Redezeit für sich in Anspruch nimmt.

Die Seminarleiter erleben also die „imperative" Rolle des Vorgesetzten, vielleicht sogar die „Herr-im-Haus"-Haltung eines Chefs, der seinen Mitarbeiter kaum zu Wort kommen läßt.

Die Beobachtung durch die Gruppe zeigt, nach wieviel „Gesprächsminuten" der Systemprüfer die erste Möglichkeit zur Meinungsäußerung bekommt.

Das Gespräch kann aber auch ganz anders verlaufen. So wird ein kooperativer Vorgesetzter seinem Gesprächspartner von vornherein das Wort erteilen und ihm die Chance geben, bei der Lösung des Konfliktes entscheidend mitzuwirken. Es kommt auch vor, daß der Meister kaum etwas sagen muß, weil der Systemprüfer von sich aus eine vernünftige Regelung zur Vermeidung künftig auftretender Kooperationspannen vorschlägt.

3.4 Gesprächseröffnung und -abschluß

Wird der Meister den Systemprüfer wie einen Gast begrüßen, indem er sich erhebt, dem Mitarbeiter vielleicht ein paar Schritte entgegengeht und ihm die Hand schüttelt, oder wird er gleich seine Verärgerung vom Stapel lassen und jede Art von Freundlichkeit vermeiden?

Wird er hinter seinem Schreibtisch auf dem „Richterstuhl" sitzen bleiben und den Systemprüfer auf die „Anklagebank" vor dem Schreibtisch verweisen, oder geht er mit ihm in die Besprechungsecke?

Wenn aus Raumgründen keine vorhanden ist, könnte der Meister seinen Stuhl etwas seitwärts ziehen und sich neben seinen Schreibtisch setzen. Dann würde der „Chefsessel" auch etwas von seiner Herrschaftssymbolik verlieren, und es könnte so die partnerschaftliche Situation des Gegenüber hergestellt werden.

An der Art, wie sein Gesprächspartner ihn anblickt, wie er auf seinem Stuhl sitzt, seine Hände bewegt, kann jeder der Interagierenden viel vom Denken und Fühlen des anderen erkennen.

Diese nicht-verbalen Verhaltensfaktoren können ebenso wie Inhalt und Ton der ersten Worte in der Gesprächseröffnung die ganze Atmosphäre prägen und somit auf den Ausgang des Gespräches hindeuten.

Auch die Form des Gesprächsabschlusses und die Art der Verabschiedung des Systemprüfers durch den Meister gewinnen einen entscheidenden Einfluß auf die Kooperationsbereitschaft der beiden Partner in den nächsten Stunden und Tagen.

3.5 Der Gesprächsinhalt

Bei der Bewertung der inhaltlichen Gesprächsfaktoren stellt sich oft heraus, daß viel Zeit für die Klärung der Ursachen, die zu der Panne führten, d.h. zur Behandlung der Schuldfrage verwendet wird.

Ist das im vorliegenden Fall eigentlich notwendig?

Entstand der Konflikt nicht eindeutig durch einen Mangel an Information?

Hätte der Systemprüfer gewußt, daß die Kunden-Maschine um 17 Uhr bereits versandt werden soll, hätte er diese Arbeit sicher vordringlich behandelt.

Deshalb sollten sich der Meister und sein Systemprüfer nicht mit der Schuldfrage aufhalten, sondern ihre ohnehin kurz bemessene Gesprächszeit zur Bereinigung des Konfliktes und die künftige Vermeidung solcher Fehlleistungen verwenden.

3.6 Wiederherstellen von Vertrauen und Solidarität

Die Auflösung der wechselseitigen Vorwürfe zwischen Meister und Systemprüfer sind für die künftige Zusammenarbeit von großer Bedeutung.

Nur so kann das durch den Vorfall gestörte Gefühl des Vertrauens und der Solidarität zwischen den beiden Arbeitspartnern wieder hergestellt werden.

Dazu sind nicht viele Worte notwendig. Eine nicht-verbale Verständigung kann u.U. weit mehr bewirken.

Der Hauptinhalt des Gespräches sollte fast ausschließlich die künftige Vermeidung von Pannen sein.

3.7 Gemeinsame Verpflichtung zur Information

Die heutzutage komplexeren Arbeitssysteme erlauben und fordern neben der formellen auch die informelle Kooperation; das bedeutet, daß die imperative Führungsform nicht mehr ausreicht.

Der Vorgesetzte kann und darf nicht nur Einzelanweisungen mit jenem Minimum an Information geben, das die Durchführung eines Auftrages erfordert.

Wenn z.B. der Systemprüfer selbst über Prioritäten disponieren soll, benötigt er Begründungen, Zusammenhänge und Hintergrundinformationen für die von ihm zu leistende Arbeit. Kooperative Führung setzt wachsende Quantität und Qualität der Information voraus.

Der Vorgesetzte wäre jedoch überfordert, wenn man ihm einseitig die „Bringepflicht" zuschieben würde. Er kann nicht immer an alles denken, und ihm würde zu Unrecht die ganze Verantwortung aufgebürdet, wenn durch Informationsmangel etwas schiefgeht.

Er sollte mit dem Mitarbeiter vereinbaren, daß dieser im Hinblick auf den Informationsfluß auch eine „Holpflicht" hat.

Das bedeutet, daß der Mitarbeiter lernen muß, Fragen zu stellen und keinen Auftrag zu übernehmen, ohne nach dem „Warum" und anderen Hintergrundinformationen gefragt zu haben.

Andererseits muß sich der Vorgesetzte daran gewöhnen, nach Gründen und Hintergründen seiner Aufträge gefragt zu werden.

Diese Fallstudie, die mit der Lehrmethode „Rollenspiel" bearbeitet wurde, zielt auf die Erkenntnis, daß die in einem modernen Kooperationssystem notwendigen Informationen nur dann zur vollen Wirksamkeit kommen können, wenn sich alle Beteiligten für den „Informationstransfer" verantwortlich fühlen und durch entsprechende gemeinsame Lernprozesse diesem modernen Führungsprinzip gewachsen sind.

BEOBACHTUNGEN ZUM ROLLENSPIEL: "HILFSBEREITE SYSTEMPRÜFER"

Eröffnung
Verlauf
Abschluß

Klärung
Bereinigung
Vermeidung (künftige)

Spiele	Meister	Systemprüfer	Eröffnung	Abschluß	Klärung	Bereinigung	Vermeidung
1							
2							
3							
	Redezeit in Sekunden		Bewertung 1 - 6		Gewichtung in Prozenten		

Abbildung 33

4 Der Fall: „Mehr Kompetenzen" oder: Wie motiviert man Delegationsbereitschaft?

Inhaltsübersicht

Direktor Seibert hat drei bewährte Mitarbeiter zu sich gerufen und erklärt ihnen in einer Besprechung, daß sie vom nächsten Monat an die Leitung von Abteilungen und damit die Verantwortung für drei in Expansion begriffene Arbeitsbereiche übernehmen sollen. Die Terminvorverlegung eines wichtigen Auftrages bringt noch eine zusätzliche Belastung der angesprochenen Herren mit sich.

Die neuen Abteilungsleiter sollen die volle Kompetenz, d.h. Entscheidung- und Durchführungsvollmacht in ihrem Aufgabenbereich übernehmen. Direktor Seibert will ihnen damit auch ein Beispiel dafür geben, daß sie ihrerseits Aufgaben mit entsprechender Handlungsverantwortlichkeit an ihre Mitarbeiter delegieren können.

Wie kann er seine Mitarbeiter zu dieser Delegationsbereitschaft motivieren? Mit welchen Delegationsmethoden kann er seine Ziele erreichen? Wie kann er den frischgebackenen Abteilungsleitern im einzelnen helfen?

Haben Sie eine Idee?

4.1 Brainstorming - eine Hilfe zur Ideenfindung

Wenn ein Vorgesetzter einen solchen Fall mit seinen Mitarbeitern bespricht, oder wenn ein Seminarleiter in einem Führungstraining diese Fallstudie behandelt, könnte die Methode des „Brainstorming" (Dauer: etwa 15 Minuten) angewandt werden.

Mit Hilfe dieser Kreativitätstechnik kommt man mit einer Gruppe leichter zur Ideenfindung. Für den Erfolg der Methoden müssen vier Regeln beachtet werden:

1. Jeden Einfall mitteilen! Je spontaner, ausgefallener, ja „verrückter" er ist, umso besser. Jede Idee wird von den Beteiligten positiv aufgegriffen.
2. So viele Ideen von sich geben, wie nur möglich!
3. Die Einfälle anderer aufnehmen und weiterentwickeln!
4. Keine Kritik an vorgetragenen Ideen!

Erst nachdem ein „Ideenkatalog" zusammengestellt wurde, versuchen die Beteiligten, das Ergebnis ihres Brainstormings zu diskutieren, zu bewerten und zu systematisieren.

Vielleicht kommen sie dabei zu einem System, wie es die Übersicht „Tätigkeiten beim Delegieren" zeigt (s. Abb. 34).

Die mit den neuen Posten beauftragten Herren
Rapp, Leiter der Konstruktionsabteilung,
Pfeiffer, Leiter der Einkaufsabteilung,
Lorenz, Leiter der Finanzabteilung,
finden es zunächst sehr schwierig, Aufgaben an ihre Mitarbeiter zu delegieren. Zwischen Direktor Seibert und Abteilungsleiter Rapp kommt es deshalb zu folgendem Gespräch:

Seibert: „Beunruhigt Sie etwas, Herr Rapp? Sie wirken etwas überanstrengt."

Rapp: „Ich muß ja auch alles allein erledigen. Ich kann den anderen nichts von meiner Arbeit abgeben."

Seibert: „Haben Sie denn schon mal versucht, Aufgaben zu delegieren?"

Rapp: „Nein, ich habe einfach keine Zeit, meinen Leuten alles zu erklären. Außerdem ist es mir auch etwas peinlich, den Chef herauszukehren."

Seibert: „Kennen Sie einen Bauleiter, der die Betonmischmaschine bedient, eine Kantinenleiterin, die Kartoffeln schält, einen Intendanten, der sich an die Theaterkasse setzt?"

Rapp: „... oder den Leiter der Konstruktionsabteilung, der vom Reißbrett nicht loskommt? Ich verstehe Sie schon, Herr Seibert. Aber warum bringe ich es einfach nicht fertig, mich von meinen gewohnten Arbeiten zu trennen?"

Seibert: „Neue, größere Aufgaben schaffen neue Probleme!"

Rapp: „Sie wollen sagen, ich habe Angst davor?"

Seibert: „Drücken wir es so aus: In ihrer Rolle als Sachbearbeiter fühlten Sie sich völlig sicher. Sie haben viele Jahre erfolgreich gearbeitet und konnten mit Ihrer Arbeit immer zufrieden sein."

Rapp: „Ja, ich muß wohl lernen, mich besser in meine Vorgesetztenfunktion hineinzufinden und das Risiko des Delegierens nicht zu scheuen – denn ein Risiko ist natürlich dabei."

Seibert: „Sie werden sehen, dann bringt Ihnen Ihre neue Aufgabe viel mehr Befriedigung als Ihre bisherige Tätigkeit."

Direktor Seibert hat davon gehört, daß sein neuer Finanzabteilungsleiter Lorenz seinen besten Mitarbeiter hart angefahren und dadurch frustriert hat. Er spricht ihn deshalb an:

Seibert: „Ich fürchte, wenn sich unsere Mitarbeiter nicht selbständiger einsetzen, steht uns eine Pleite bevor."

Lorenz: „Wie soll ich es aber anstellen, daß meine Leute selbständiger arbeiten?"

Seibert: „Ich habe fast den Eindruck, die trauen sich nichts zu, weil sie Angst vor Ihnen haben."

Lorenz: „Ja, glauben Sie denn, daß ich mich zu sehr um ihre Arbeit kümmere?"

Seibert: „Vielleicht machen Sie zu oft Kontrollgänge durch die Büros. Das macht Ihre Mitarbeiter unsicher, und auf der anderen Seite ..."

Lorenz: „... gehe ich sofort hoch, wenn ich einen bei einem Fehler erwische."

Seibert: „Sicher wissen Sie so gut wie ich, daß diese Verhaltenskombination den Mitarbeiter schnell unlustig macht und ihn den Weg des geringsten Widerstandes gehen läßt. Ich mache mir ernstlich Sorgen um Sie. Warum brennt bei Ihnen so oft die Sicherung durch?"

Lorenz: „Es geht dabei immer um so viel Geld, und ich weiß nicht, was Sie sagen würden, wenn ich ..."

Seibert: „So ist das also, Sie haben Angst vor meiner Reaktion, wenn etwas daneben geht. Eine solche Angst-Epidemie kann ein Unternehmen viel eher gefährden als jeder Fehler, auch wenn dabei sehr viel Geld auf dem Spiele steht."

Abteilungsleiter Pfeiffer hatte Krach mit Herrn Wrede, einem erfolgreichen Mitarbeiter im Außendienst und versetzte ihn kurzerhand in den Innendienst zurück.

Zwischen Direktor Seibert und seinem Abteilungsleiter kommt es zu folgendem Gespräch:

Seibert: „Wissen Sie, an wen mich Wrede erinnert?"

Pfeiffer: „Keine Ahnung, an wen?"

Seibert: „An Sie! Wrede ist genau wie Sie vor sieben oder acht Jahren: Ein tüchtiger, entschlossener Mann, aber ...?"

Pfeiffer: „Er ist mein bestes Pferd im Stall. Ich muß ihm aber die Kandare anlegen."

Seibert: „Warum eigentlich?"

Pfeiffer: „Der Kerl will zu hoch hinaus. Was glaubt er denn, wer er ist?"

Seibert: „Ich glaube, hinter Ihrem Verhalten verbirgt sich etwas ganz anderes."

Pfeiffer: „Wie meinen Sie das?"

Seibert: „Um es genau zu sagen: Sie haben Angst! Und darin liegt das größte Hindernis für eine gute Zusammenarbeit."

Pfeiffer: „Das leuchtet mir nicht ein! Wovor sollte ich Angst haben?"

Seibert: „Daß Sie in Wredes Schatten treten, wenn er zu erfolgreich ist, daß er Ihre Position gefährden könnte. All das kann unbewußt mitgespielt haben, als Sie ihn so plötzlich in den Innendienst versetzten."

Pfeiffer: „Hm, vielleicht haben Sie recht! Aber erwarten Sie denn, daß ich mich von ihm absägen lassen soll?"

Seibert: „Jeder gute und engagierte Mitarbeiter ist eine Gefahr für die eigene Laufbahn. Denken Sie nur daran, daß Sie für mich ebenso eine Gefahr bedeuten! Ich habe Ihnen aber trotzdem eine der wichtigsten Abteilungen im Hause anvertraut.

Gibt man einem Mitarbeiter mehr Verantwortung, kann er natürlich zu einer Gefahr für den Vorgesetzten werden, aber er bekommt auch mehr Kraft und Motivation für seine Arbeit. Nur wer in seinem Selbstwertgefühl anerkannt wird, erbringt die Höchstleistung.

Sie sind meine „rechte Hand", und Herr Wrede ist Ihre „rechte Hand". Sie sollen sich frei und selbstsicher genug fühlen, um so zu handeln, wie gehandelt werden muß."

Pfeiffer: „Sie erwarten von mir, daß ich zu Herrn Wrede ebenso spreche? Ich habe Sie verstanden, Herr Seibert, und ich danke Ihnen sehr. Ich werde mich in diesem Sinne verhalten."

Wo liegen die Delegationsschwierigkeiten bei den Abteilungsleitern Rapp, Lorenz und Pfeiffer?

Welche besonderen psychologischen Hürden müssen sie überwinden, um mit Erfolg delegieren zu können?

4.2 Angstsyndrom als Delegationshemmnis

Dieses Problem kann der Vorgesetzte im Gespräch mit seinen unmittelbaren Mitarbeitern behandeln oder der Seminarleiter in einem Führungstraining zu lösen versuchen. Es empfiehlt sich, Kleinstgruppen (3 Teilnehmer) oder Partnergruppen (2 Teilnehmer) zu bilden.

Bei dieser Arbeit ist es wichtig, daß die bei jedem Abteilungsleiter ganz besonders gelagerten Hemmnisse analysiert werden (s. Abb. 35).

Welches Unsicherheits-Angst-Syndrom liegt bei Lorenz vor, welches bei Rapp? Warum sperrt sich Abteilungsleiter Pfeiffer gegen ein Delegieren von Aufgaben?

Es kommt darauf an, daß die Gesprächsteilnehmer zwischen den Faktoren und der Intensität der jeweiligen Hemmnisse unterscheiden lernen, und daß sie in der Lage sind, die psychologischen Hürden nach ihrem Schwierigkeitsgrad zu bewerten. Können sie Unsicherheit als Reaktion auf eine Gefährdung des eigenen Rollenverhältnisses erkennen und Angst als emotionale Reaktion auf eine bestimmte Bedrohung außerhalb der eigenen Persönlichkeit? Ist ihnen die Handlungsweise von Herrn Pfeiffer als unterbewußte Reaktion auf eine Infragestellung des eigenen Selbstwertgefühls klar?

Wie können im Falle Rapp, Lorenz und Pfeiffer Problembewußtsein gewonnen, Einsichten erworben und Erfahrungen gesammelt werden, um Unsicherheit und Angst zu überwinden?

4.3 Rollenspiel als Verhaltensübung

Wir haben in den Gesprächsbeispielen erlebt, wie Direktor Seibert seinen Abteilungsleitern Hilfe zur Selbsthilfe anbietet. Waren seine Versuche, den Mitarbeitern mit klärenden Gesprächen zu helfen, optimal? Könnte man sich noch bessere führungspädagogische Maßnahmen vorstellen? Es wäre sicher interessant und ergiebig, die Einflußnahmen des Vorgesetzten in Rollenspielen zu erproben und dabei Erfahrungen zu sammeln.

4.4 Erfolgsbilanz des Vorgesetzten

Direktor Seibert ist mit seiner Bewältigung der aufgetretenen Problem- und Konfliktsituation zufrieden. Er sagt sich:

Rapp weiß jetzt, was von ihm als Vorgesetzter verlangt wird. Lorenz hat seine Unsicherheit überwunden und wirkt auf seine Umgebung zuversichtlich und vertrauensvoll. Das Angstsyndrom gibt es nicht mehr.

Pfeiffer ist sich nun darüber im klaren, daß jeder gute Mitarbeiter seine Position gefährden kann, aber er weiß auch, daß eine optimal arbeitende Abteilung seine eigene Kompetenz als Führungskraft bestätigt.

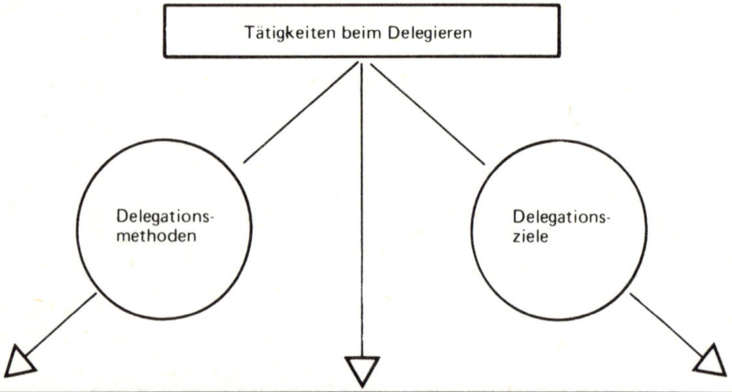

Delegations—"Strategien" | Gesamtziele

Zielvorgabe	Aufgaben erklären	Partizipation
Information	über organisatorische Zusammenhänge, Kosten und Termine unterrichten	Koordination
Zuständigkeitsübertragung	Entscheidungskompetenz und Verantwortungsrahmen definieren	Motivation
Kontrolle	Berichtsrichtlinien erläutern	kooperative Steuerung

Delegations—"Taktiken" | Teilziele

Gesprächsführung	Nah– und Zwischenziele besprechen	Kommunikation
Mitwirkung	Teamarbeit aktivieren	Entlastung
Förderung	Initiativen mobilisieren	Persönlichkeitsentfaltg.
Beratung	Probleme und Konflikte lösen helfen	Fähigkeit z. Kritik u. Selbstkritik

Abbildung 34

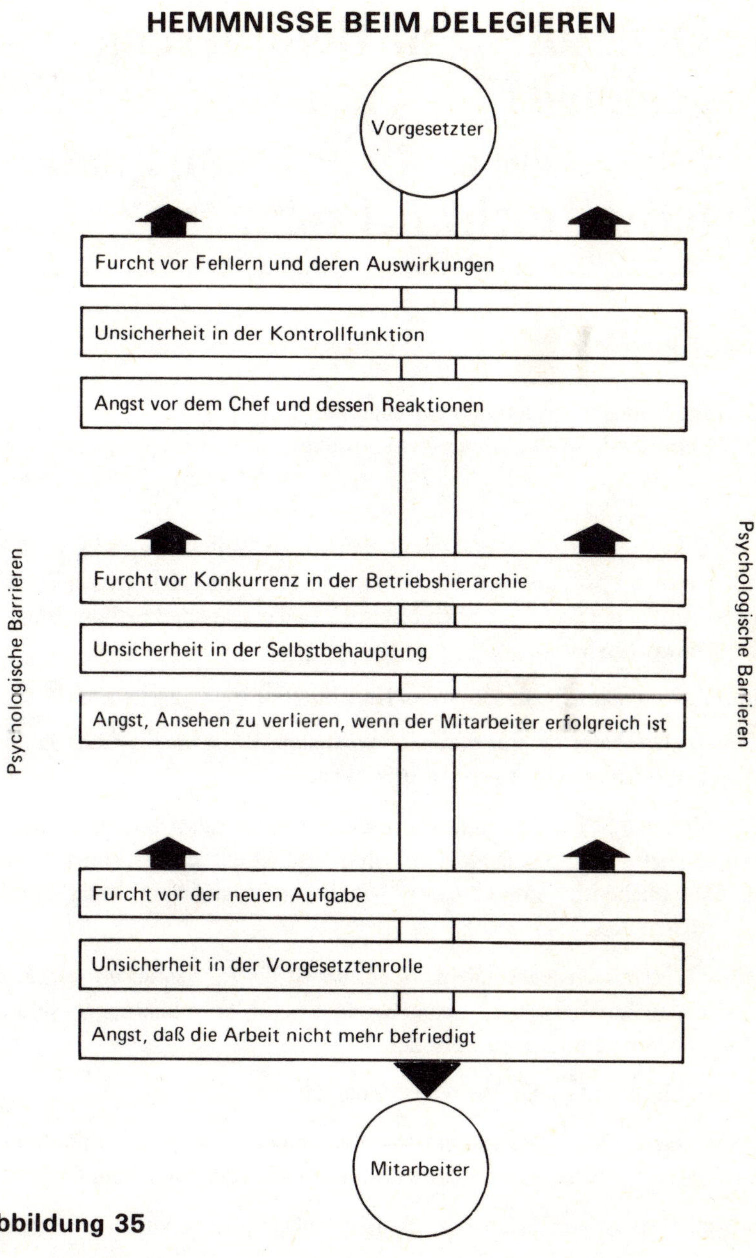

Abbildung 35

5 Der Fall: „Zur Beförderung geeignet?" oder: Wie motiviert man qualitative Nachwuchsplanung?

Inhaltsübersicht

Herr Ludwig, der Leiter des Anlagenbereiches im Zentralbereich Einkauf, hat noch 6 Monate bis zu seiner Pensionierung. Der Zentralbereichsleiter, Herr Kunze, spricht mit ihm über einen Mitarbeiter, der sich um den freiwerdenden Posten beworben hat.

Kunze: „Was halten Sie davon, wenn Herr Lutz Ihr Nachfolger würde?"

Ludwig: „Das kann ich mir durchaus vorstellen. Er ist bereits sechs Jahre in unserer Abteilung und hat sich gut entwickelt.

Weil mir bekannt ist, daß er sich um meinen Arbeitsplatz bemüht, habe ich mich in letzter Zeit eingehender mit ihm beschäftigt, als dies sonst der Fall war. Dabei habe ich bemerkt, daß er bei seinen Einkaufsgesprächen sehr viel Zeit vertelefoniert."

Kunze: „Sie mögen recht haben. Auch mir ist bei Rücksprachen sein Redeschwall manchmal etwas zu viel geworden. Seine Formulierungen sind geschickt, aber er ist einfach zu wortreich."

Ludwig: „Ja, das ist so die 'Vertreter-Mentalität'."

Kunze: „Ganz richtig! Man merkt das auch an der Reaktion von Mitarbeitern im Hause, die von seinen Vertreterwitzen nicht allzu begeistert sind."

Ludwig: „Das ist eine Schwäche, die man ablegen kann. Wichtiger erscheint mir, daß ihm unsere Lieferanten keinen Sand in die Augen streuen können. Er ist immer ausgezeichnet informiert, da er Rundfunk- und Pressemeldungen aufmerksam verfolgt und alle einschlägigen Fachzeitschriften liest."

Kunze: „Ich habe mir sagen lassen, daß er es auch heute noch schafft, zu Vorjahrespreisen einzukaufen."

Ludwig: „Werbegeschenke gibt er übrigens immer an seine Mitarbeiter weiter."

Kunze: „Bei gelegentlichen Besuchen stellte ich fest, daß sein Schreibtisch einer ‚Papierfestung' ähnelt."

Ludwig: „Aber er behält die Übersicht. Bei ihm sind alle Vorgänge auf dem laufenden, er findet auch noch Zeit, seinen Kollegen hilfreich unter die Arme zu greifen."

Kunze: „Habe ich recht gehört, daß er mit Herrn Ashelm eine heftige Auseinandersetzung hatte?"

Ludwig: „Ja, das stimmt, aber Ashelm hatte ihn auch ganz schön provoziert. Lutz fühlte sich in diesem Falle besonders im Recht, weil er gerade eine günstige Einkaufsquelle aufgetan und dafür die von ihm neu eingerichtete Lieferantenkartei genutzt hatte. So ist es zu verstehen, daß er Ashelms Angriff scharf zurückwies."

Kunze: „Schon gut, aber streitbar scheint er mir doch zu sein. Bei Ihrer Urlaubsvertretung vor einem halben Jahr hatte er auf eine Reklamation von Werksleiter Schattmann heftig gekontert, so daß Schattmann sich bei mir über Lutz beschwerte."

Ludwig: „Ja, meine Sekretärin, Frau Schulz, hat bei meiner Rückkehr eine Andeutung gemacht. Ich würde darüber nicht so streng urteilen. Ich nehme eher an, daß er Grund hatte, sich zur Wehr zu setzen."

Kunze: „Und was war mit der Personalabteilung? Da soll es kürzlich auch eine Auseinandersetzung mit ihm gegeben haben, wie man mir sagte."

Ludwig: „Aber der Betriebsrat hat sehr anerkannt, daß Lutz sich so energisch und engagiert für seine Mitarbeiter einsetzt."

Kunze: „Was sagt denn Herr Radmann, unser Personalchef, zur Bewerbung von Lutz?"

Ludwig: „Er beurteilt ihn positiv, weil er ein intelligenter und erfahrener Fachmann ist, der auch mit seinen Leuten einen guten Faden spinnt. Nur bei übergeordneten Stellen soll es gelegentlich Schwierigkeiten mit ihm gegeben haben. Radmann wurde zugetragen, daß Lutz sich im Gespräch mit Mitarbeitern sehr kritisch über die Geschäftsleitung geäußert habe."

Wie wird das Gespräch weitergehen?

Kommen die Herren Kunze und Ludwig zu einem gemeinsamen Urteil über Herrn Lutz?

Glauben Sie, daß er geeignet ist, die Nachfolge in der Leitung des Anlagenbereiches anzutreten?

5.1 Eine Übung zur Nachfolgeentscheidung

Wollen Sie sich mit Hilfe dieser Fallstudie selbst im Beurteilen von Mitarbeitern üben, so beachten Sie die nachfolgende „Beurteilungsbilanz" (s. Abb. 36) bitte noch nicht. Denken Sie selbst darüber nach, wie die Herren Kunze und Ludwig ihr Gespräch weiterführen könnten. Vielleicht reizt es Sie, die Spielszene selbst zu Ende zu schreiben. Bei Führungsseminaren könnte das Gespräch in Rollenspielen bis zur Entscheidungsfindung fortgeführt werden.

Anschließend ordnen Sie die vorliegenden Aussagen, evtl. ergänzt durch zusätzliche Informationen, die sich aus der Fortführung des Gespräches über den Bewerber Lutz ergeben haben, nach folgenden Gesichtspunkten:

- Kommunikation
- persönliche Arbeitsgestaltung
- Leistung
- Führungsverhalten
- Kooperationsverhalten

Schreiben Sie die negativen und die positiven Feststellungen in zwei Spalten untereinander, und kommen Sie in einer dritten Spalte zur Bewertung. Dann fassen Sie Ihre Erkenntnis in einer Stellungnahme zusammen.

Vergleichen Sie, ob Ihr Ergebnis der „Beurteilungsbilanz" des Autors gleicht oder anders ausgefallen ist (s. Abb. 37). Ihre Kollegen wird Ihr Ergebnis vielleicht auch interessieren. Bei Seminarübungen könnten die Teilnehmer in Kleingruppen Stellungnahmen erarbeiten und anschließend im Gesamtkreis diskutieren.

5.2 Nachwuchskräfte aus den eigenen Reihen?

Eine qualitative Personalplanung ist die Aufgabe aller Vorgesetzten. Sie müssen im Zuge der Mitarbeiterentwicklung ihres Betriebes in ihrem eigenen Bereich eine Personalstruktur schaffen, in der für kurz-, mittel- und langfristige Bedürfnisse jeweils entsprechend qualifizierte Mitarbeiter abrufbar sind.

Die Nutzung der „personellen Kapazität" sollte optimal sein, d.h.:

keine „Über"- oder „Unterbeschäftigung",
keine „Über"- oder „Unterforderung", der Mitarbeiter.

Bei der Personalplanung zeichnen sich vier Planungsstufen ab:

- Mitarbeiterbedarfsplanung aus vorwiegend betriebsinternen Daten,
- Mitarbeiterbeschaffungsplanung aus vorwiegend externen Daten,
- Mitarbeiterentwicklungsplanung nach internen und externen Daten,
- Stellenbesetzungs- und Nachfolgeplanung aus internen Daten (s. Abb.)

Qualitative Personalplanung besteht überwiegend aus Mitarbeiterentwicklungs- und Nachfolgeplanung.

Ihr wichtigstes Kennzeichen ist die Lernfähigkeit und -bereitschaft der einzelnen Mitarbeiter, die zur Beurteilung anstehen.

Mit Hilfe einer qualifizierten Personalplanung kann die betriebliche Weiterbildung systematisiert und ein Gleichgewicht zwischen dem Qualifikationspotential der Mitarbeiter und den Qualifikationsanforderungen des Betriebes geschaffen werden.

BEURTEILUNGS-BILANZ

Kriterien	Neg. Beobachtungen	Pos. Beobachtungen	Bewertungen
Kommunikation	Lange Telefonate Zu " wortreich " "Vertreter-Mentalität"	Geschickte Formulierungen Durchsetzungsvermögen gegenüber Lieferanten Informiertheit	Gleicht sich aus Das Positive überwiegt
Pers. Arbeitsgestaltung	"Papierfestung"	Vorgänge auf dem laufenden Lieferantenkartei eingeführt Intelligent und erfahren	Nur positiv
Leistung	Keine	Preise des Vorjahres gehalten Preiswerte Einkaufsquelle entdeckt	Nur positiv
Führungsverhalten	Keine	Verteilung der Werbegeschenke Einsatz für Mitarbeiter	Nur positiv
Kooperationsverhalten	Streit mit Meyer Beschwerde Müller/ Hinweis Schmidt Diskussion mit Personalabteilung Schwierig für übergeordnete Stellen Kritik an Geschäftsführung	Hilfsbereitschaft	Das Negative hat auch positive Aspekte

Stellungnahme: Als Nachfolger geeignet trotz einiger kritischer Punkte im Kommunikations- und Kooperationsverhalten. Diese könnten durch gezielte Weiterbildungsmaßnahmen überwunden werden. Außerdem ist ein "Durchsetzungsvermögen nach oben" für die Position wünschenswert.

Abbildung 36

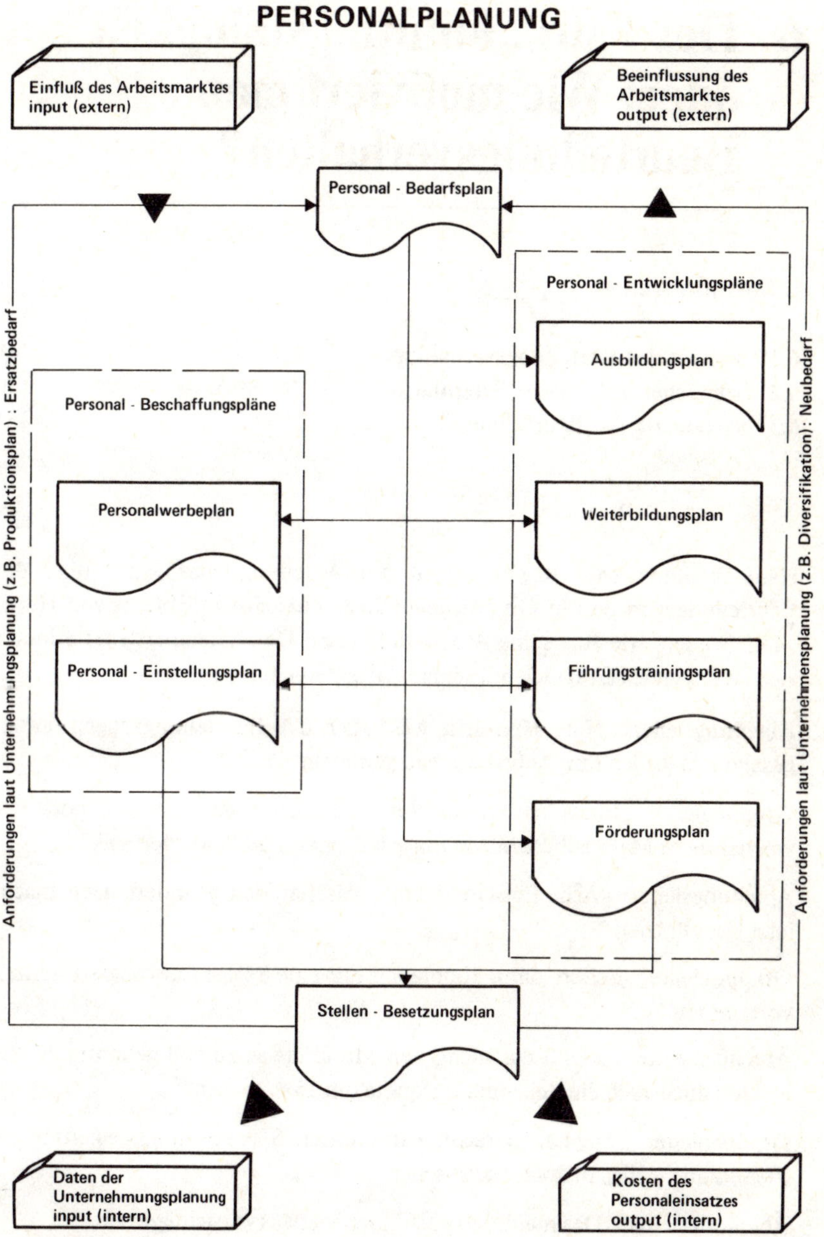

Abbildung 37

6 Der Fall: „Führungsfähigkeit" oder: Wie motiviert man Beurteilungsverhalten?

Inhaltsübersicht

Hauptabteilungsleiter Regler spricht mit Abteilungsleiter Mohr über die Beurteilung von dessen Gruppenleiter Just. Zunächst möchte er von Herrn Mohr wissen, wie Just seine Arbeitsziele setzt. Der Abteilungsleiter erinnert sich an folgendes Gespräch mit seinem Gruppenleiter:

Abteilungsleiter: „Nun, Herr Just, Sie haben den Beurteilungsbogen durchgesehen. Habe ich Ihre Aufgabe genau genug umrissen?"

Gruppenleiter: „Eigentlich schon! Nur wußte ich nicht, daß auch noch der wöchentliche Materialbericht von mir zusammengestellt werden soll."

Abteilungsleiter: „Ach, Entschuldigung, das hat sich geändert. Den macht jetzt Herr Polzien."

Gruppenleiter: „Schön, dann könnte ich mir eine 8%ige Leistungssteigerung vornehmen."

Abteilungsleiter: „Heißt das nicht, den Mund etwas zu voll genommen? Sie wollten doch auch die Reklamationsquote um 15% senken!"

Gruppenleiter: „Sie haben recht, dann wären 5% Leistungssteigerung als Zielsetzung vielleicht doch realistischer."

Abteilungsleiter: „Das meine ich auch! Lieber etwas vorsichtiger sein."

Weiter interessiert sich der Hauptabteilungsleiter für die Bereitschaft des Gruppenleiters Just, Kritik zu ertragen. Wieder kann Abteilungsleiter Mohr auf eine Unterredung mir Herrn Just zurückgreifen:

Gruppenleiter: „Die Reklamationen haben sich um 20% verringert. Das liegt an meiner neuen Arbeitsmethode."

Abteilungsleiter: „Großartig! Das wäre die positive Seite der Angelegenheit. Haben sich auch Nachteile herausgestellt?"

Gruppenleiter: „Na, ja, es entstehen ein paar Mehrkosten."

Abteilungsleiter: „Und wieviel Mehrarbeit bringt das neue Verfahren für Ihre Mitarbeiter?"

Gruppenleiter: „Etwa zwei Stunden wöchentlich. Das ist doch wohl nicht zu viel, wenn wir monatlich 25 Reklamationen weniger haben."

Abteilungsleiter: „Da habe ich meine Zweifel. Vielleicht bewerten Sie die Einsparung doch zu hoch."

Gruppenleiter: „Ja, aber meine Leute haben das Gefühl, mehr zu leisten als vorher, und das macht ihnen unheimlich viel Freude. Das muß man doch auch als positiv ansehen, oder? Nach meiner Meinung kann nicht alles nur nach Mark und Pfennig berechnet werden."

Schließlich möchte Hauptabteilungsleiter Regler noch etwas über die Führungsqualitäten von Herrn Just wissen. Er hat ihn nämlich für die Leitung einer neuen Abteilung ins Auge gefaßt.

Herr Mohr denkt an eine Auseinandersetzung, die er vor ein paar Tagen mit dem Gruppenleiter hatte:

Abteilungsleiter: „Ich muß es Ihnen einmal sagen, Herr Just: Sie haben wirklich ausgezeichnete Arbeit geleistet und unser gemeinsames Zielvorhaben noch übertroffen. Nur eins gibt mir noch zu denken: Könnte die Zusammenarbeit mit Ihrer Gruppe nicht noch besser funktionieren?"

Gruppenleiter: „Sie denken wohl an meine beiden Mitarbeiter Sommer und Graßmann?"

Abteilungsleiter: „Warum lassen Sie sich von den beiden alles gefallen?"

Gruppenleiter: „Darum geht es ja gar nicht. Ich lasse sie nur „an der langen Leine" laufen. Sie sind älter und länger in der Firma als ich. Aber wenn ich einen besonderen Auftrag für sie habe, dann sind sie da; die beiden mögen mich nämlich."

Abteilungsleiter: „Und wann haben Sie zuletzt etwas besonderes von ihnen verlangt?"

Gruppenleiter (mit rotem Kopf): „Was soll das heißen? Was werfen Sie mir eigentlich vor? Ich habe schließlich meine Leistungsziele nicht nur erreicht, sondern sogar noch übertroffen!"

Abteilungsleiter: „Bitte, bitte, beruhigen Sie sich! Wir stimmen ja in allem überein, bis auf den einen Punkt: Ihre Führungsqualitäten kann ich nicht so hoch bewerten, wie Sie erwarten."

Gruppenleiter: „Das bedauere ich sehr!"

Abteilungsleiter: „Bitte, verstehen Sie das richtig. Sie kommen ja bei allen anderen Beurteilungspunkten sehr gut weg. Ich finde, Sie können mit Ihrer Beurteilung sehr zufrieden sein, und sie wird auch Ihrer Laufbahn nützen."

Aufgrund der wenig positiv beurteilten Führungsqualifikation des Herrn Just durch Abteilungsleiter Mohr entschließt sich Hauptabteilungsleiter Regler, die neu zu besetzende Abteilungsleiterstelle einem anderen Gruppenleiter zu geben. Kurz darauf kommt es zu einer Unterredung zwischen den Herren Just und Mohr:

Gruppenleiter: „Herr Mohr, darf ich in einer persönlichen Angelegenheit mit Ihrer Hilfe rechnen?"

Abteilungsleiter: „Selbstverständlich helfe ich Ihnen gern! Worum handelt es sich?"

Gruppenleiter: „Ich habe von der neuen Abteilungsleiterstelle gehört; dafür würde ich mich sehr interessieren."

Abteilungsleiter: „Nein, mein Lieber, daraus wird wohl nichts werden."

Gruppenleiter: „Mit Ihrer Empfehlung hätte ich doch sicher eine gute Chance bei Herrn Regler."

Abteilungsleiter: „Es tut mir leid, Sie enttäuschen zu müssen, aber der Posten wurde leider schon mit einem anderen Herrn besetzt."

Gruppenleiter: „Herr Regler wird aber doch vor seiner Entscheidung mit Ihnen auch über mich gesprochen haben. Wie haben Sie sich da geäußert?"

Abteilungsleiter: „Ich habe ihm gesagt, daß Ihre Qualifikation für die Position eines Abteilungsleiters noch nicht ausreicht."

Gruppenleiter: „Das kann ich nicht verstehen! Immer haben Sie betont, wie gut Sie mich finden."

Abteilungsleiter: „Das schon, aber nicht Ihren Führungsstil!"

Gruppenleiter: „Und warum haben Sie nie genauer und ausführlicher mit mir über meine Führungsbefähigung gesprochen? Was haben Sie bei Herrn Regler über mich gesagt?"

Abteilungsleiter: „Daß Ihre Zielsetzungen im Ganzen realistisch sind und daß Sie fast immer erreichen, was Sie sich vorgenommen haben. Ich habe ihm weiter gesagt, daß Sie Kritik durchaus vertragen, aber das, was Sie für richtig halten, sehr entschieden vertreten, daß Ihre Mitarbeiter mit Ihnen zufrieden sind, und daß Sie eine ausgezeichnete Arbeit leisten. Ich habe aber nicht verschwiegen, daß Sie sich m.E. bei Ihren Leuten besser durchsetzen und mehr Führungseigenschaften aufweisen müßten."

Gruppenleiter (verbittert): „Ich habe immer geglaubt, daß Erfolge zählen. Ich weiß nicht, was ich tun soll, um von Ihnen anerkannt zu werden. Vielleicht ist es besser, wenn ich mich um einen anderen Posten bemühe."

Abteilungsleiter: „Bitte, das ist Ihre Entscheidung!"

Was ist von dem Beurteilungsverhalten des Abteilungsleiters Mohr zu halten?

6.1 Analyse des Beurteilungsverhaltens

In einem Gesprächskreis von etwa 9–18 Teilnehmers kann die Analyse des Beurteilungsverhaltens zunächst in Kleinstgruppen von je drei Personen vorgenommen werden. Die Gruppen bekommen 45 Minuten Zeit, um die Mängel, die Herr Rohr in der Beurteilung des Herrn Just gezeigt hat, herauszufinden und zu besprechen.

Sie gehen darauf ein, wie der Abteilungsleiter die Leistungssteigerungsquote mit seinem Gruppenleiter bespricht und dabei feststellt, wie dieser sich Ziele setzt. Sie untersuchen das Gespräch, in dem es um die Verringerung von Reklamationen geht, und welchen Eindruck Herr Mohr dabei von der Kritikfähigkeit des Herrn Just bekommen hat.

Schließlich machen sie sich Gedanken über die Haltung des Vorgesetzten, als er den Führungsstil seines Mitarbeiters in einem dritten Gespräch bemängelt.

Eine Analyse der Aussprache, in der Herr Just seinen Chef um eine Empfehlung beim Hauptabteilungsleiter bittet, damit er den Posten eines Abteilungsleiters bekommt, wird zu weiteren Erkenntnissen über das Beurteilungsverhalten des Herrn Mohr führen.

Die Kleinstgruppen tragen ihre Arbeitsergebnisse im Plenum vor. Von ihm werden die in der Fallstudie enthaltenen Beurteilungsmängel aufgelistet und erörtert, wie Abteilungsleiter Mohr sein Beurteilungsverhalten verbessern könnte.

6.2 Schwächen in der Beurteilung und Möglichkeiten zur Verbesserung

Die Untersuchung der Gruppen hat ergeben, daß der Abteilungsleiter seinem Mitarbeiter gegenüber voller Vorurteile ist, und daß er seine Meinungen viel zu spontan äußert. Dabei zeigt er auch, daß er zu „Lobhudelei", Oberflächlichkeit, Unbestimmtheit und Widersprüchlichkeit neigt.

Sicher wird man im Plenum darin übereinstimmen, daß Personalbeurteilungen objektiver und systematischer sein müssen. Vom Vorgesetzten erwartet man ganz allgemein die Bereitschaft und die Fähigkeit, dem Mitarbeiter ehrlich die Meinung zu sagen und diese auch zu begründen. Außerdem muß er eine eindeutige Beurteilungsform anwenden und differenzierte Beurteilungsmerkmale unterscheiden können. Vor allem aber muß er in seiner Beurteilung konsequent bleiben (s. Abb. 38).

Welche Möglichkeiten gibt es, Methode und Verhalten bei Mitarbeiterbeurteilungen zu verbessern?

Welche Verfahren sichern gerechtere Ergebnisse bei einer Beurteilung?

6.3 Systematik der Beurteilung

Ein Betrieb, der sich systematisch um die Beurteilung seiner Mitarbeiter kümmert, entwickelt Richtlinien, Beurteilungsbögen mit Anleitungen und Unterweisungen, mit denen er bei Vorgesetzten auftretende Mängel in der Personalbeurteilung abbaut.

Dies geschieht, indem man hinsichtlich der Mitarbeiterbeurteilung

- Zwecke und Ziele aufzeigt,
- Merkmale definiert,
- Methoden erklärt,
- Probleme überwinden hilft,
- Schwierigkeiten ausräumt,
- Termine festlegt,
- Begründungen fordert,
- Offenlegungen sicherstellt,
- Gesprächsführung erleichtert,
- Weiterbildung initiiert,
- Förderungsmaßnahmen gewährleistet,
- Überprüfungen ermöglicht.

Beurteilungsverhalten heißt:
Beurteilen können und Beurteilungsgespräche führen können.

Beurteilen heißt:
Beobachten, beschreiben und bewerten können.

Beurteilungsgespräche führen heißt:
Sich auf den Mitarbeiter einstellen, ihn beraten und motivieren können.

Beides ist durch Fallstudienarbeit zu lernen und zu trainieren.

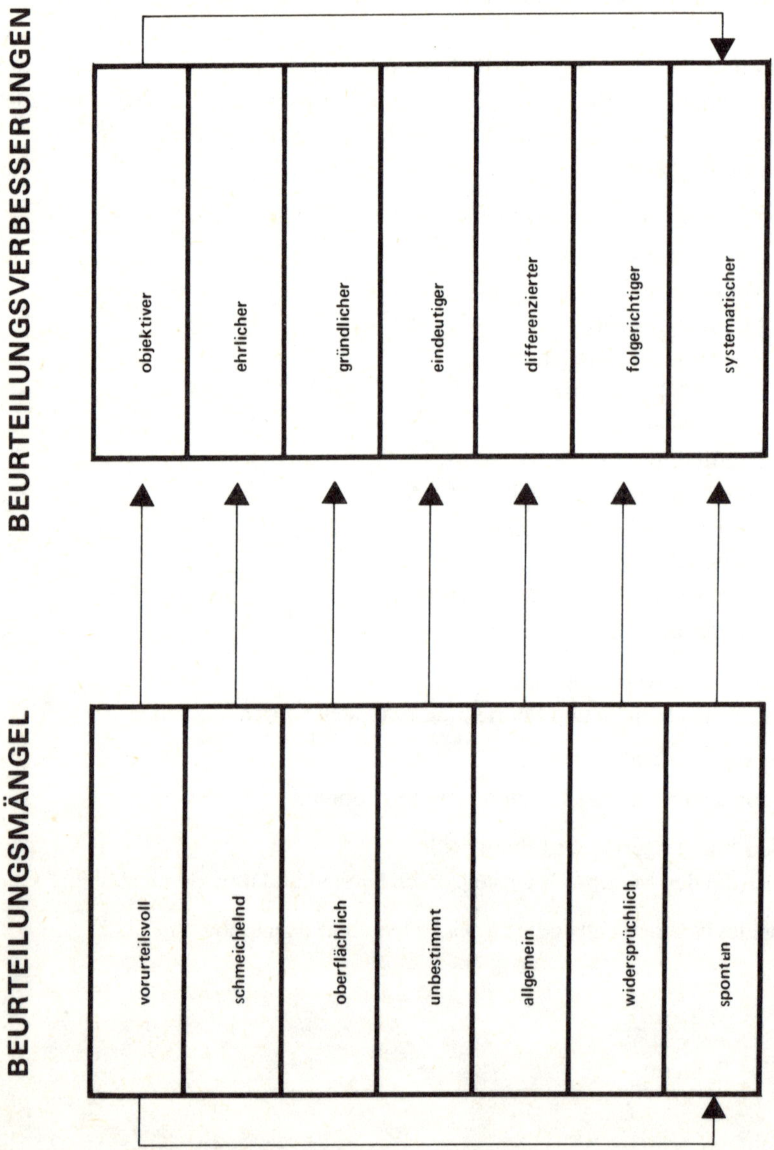

Abbildung 38

7 Der Fall: „Aufstiegsberatung" oder: Wie motiviert man Förderungsmaßnahmen?

Inhaltsübersicht

Dr. Ernst Neubeck leitet seit vier Jahren eine Fachabteilung im Bereich Entwicklung, zu der 25 Mitarbeiter gehören. Er ist 35 Jahre alt, nicht verheiratet und hat zehn Berufsjahre hinter sich. In dem Unternehmen arbeitet er seit sechs Jahren. Dr. Neubeck zeichnet sich durch großes Fachkönnen und gute Führungsqualitäten aus. Alle Probleme, die mit dem sach- und mitarbeiterbezogenen Management zusammenhängen, löst er erfolgreich. Diese Arbeit fordert aber auch seine ganze Kraft und Zeit, so daß er sich den unmittelbaren Fachaufgaben seiner Abteilung kaum widmen kann.

Da er in seiner Stellung als Abteilungsleiter fachlich nicht mehr direkt gefordert wird, ist er mit seinem Fachwissen nicht mehr ganz auf dem laufenden. Er weiß davon; die Tatsache bereitet ihm unterschwellig auch Sorgen, er kann nur „im Drange der Geschäfte" kaum etwas daran ändern.

Im Zuge der Gesamtentwicklung des Unternehmens muß sich seine Abteilung zunehmend mit theoretischen Untersuchungen beschäftigen. So wurde es notwendig, fünf Mathematiker neu einzustellen.

Dr. Neubeck ist sich bewußt, daß sein während des Studiums erworbenes Fachwissen – er ist Dipl.Ing. – für diese neuen Aufgaben nicht ausreicht. Bestimmte Gebiete der Mathematik müßte er von Grund auf studieren. Er ist jedoch, wie schon gesagt, von seinen Mangagementaufgaben so beansprucht, daß er weder Kraft noch Zeit zur gründlichen Fortbildung findet oder gar ein neues mathematisches Studium aufnehmen könnte.

Für Dr. Neubeck ist dieses persönliche Problem so ernst, daß er erwägt, sich vorübergehend von seinem Posten entbinden zu lassen und um einen längeren Studienurlaub zu bitten. Zu diesem Zeitpunkt wird ihm von der Unternehmensleitung angeboten, eine neue Hauptabteilung mit 100 Mitarbeitern aufzubauen und zu leiten. Man hält ihn für den einzig richtigen Mann, der diese für das Unternehmen wichtige Aufgabe übernehmen kann. Bei den Verhandlungen mit ihm wird angedeutet, daß er auf diesem Wege nach einigen Jahren in die Unternehmensbereichsleitung aufgenommen werden kann.

Was würden Sie als Dr. Neubeck tun?

Welchen kollegialen Rat geben Sie ihm?

Wie verhalten Sie sich als sein Vorgesetzter?

Welche Empfehlung geben Sie ihm als Personalleiter?

Tritt das Problem des Dr. Neubeck nur in einem Großunternehmen auf?

Bei der vorliegenden Fallstudie wird folgende Führungsorganisation angenommen: 4–7 Abteilungsleiter unterstehen einem Hauptabteilungsleiter; 3–5 Hauptabteilungsleiter sind einem Mitglied der Unternehmensbereichsleitung (im Range eines Direktors) verantwortlich.

Unternehmensbereiche sind bekanntlich produktionsorientierte Einheiten des gesamten Unternehmens, die zwar nicht prinzipiell, aber aufgrund von Geschäftsordnungen, Organisationsanweisungen, Führungsrichtlinien u.ä. weitgehend selbständig handeln können.

Könnte das Problem des Dr. Neubeck auch in einem Mittel- oder Kleinbetrieb auftreten? Vielleicht dann, wenn es darum geht, ihn in die Betriebsleitung aufzunehmen?

7.1 Behandlung des Falles durch Gruppengespräche

Es hängt von der Zahl der Teilnehmer ab, ob vier Gruppen mit je 5, 3 oder 2 Personen gebildet werden. Jedenfalls soll jede Gruppe Dr. Neubecks Problem aus einer anderen Sicht – aus seiner eigenen, der eines Kollegen, des Vorgesetzten und des Personalleiters – „unter die Lupe nehmen". Der Analyse soll dann eine Entscheidung im Sinne der oben gestellten Fragen folgen.

Es kann Leute geben, die eine solche Diskussion für überflüssig halten, da die Situation des Dr. Neubeck für sie ohne Frage ist. Er übernimmt selbstverständlich den ihm angetragenen Posten eines Hauptabteilungsleiters. Er ist dafür qualifiziert, und die angebotene Aufstiegschance dürfte einmalig sein.

In den Gruppendiskussionen könnten aber auch nachdenkliche Stimmen zu Wort kommen, die eine selbstverständliche Entscheidung für die Karriere nicht mehr so fraglos erscheinen lassen. Man erinnert sich vielleicht an manchen „Senkrechtstarter", der mit bedauerlichen Konsequenzen für sich und seine Umgebung wieder „den Hut nehmen" mußte.

7.2 Möglichkeiten einer Entscheidung

Die praktische Bearbeitung der Fallstudie „Aufstiegsberatung" in Gruppen ergab, daß über zwei Aspekte der Entscheidungssituation des Dr. Neubeck nachgedacht werden mußte:

1. Wenn man ein professionelles Management bejaht und die Führungsfunktion als hauptberufliche Tätigkeit für Dr. Neubeck für erstrebenswert hält, dann steht er vor der Alternative:

   a) Konzentration auf das professionelle Management unter Hintanstellung der fachlichen Weiterbildung.

   (Das bedeutet, daß Dr. Neubeck sich ganz auf seine Führungsaufgaben einstellt und auf fachliches Lernen weitgehend verzichtet. Es muß gefragt werden, ob seine Führungsautorität und -kompetenz darunter leiden wird).

   b) Wahrnehmung von Möglichkeiten der fachlichen Weiterbildung als Manager, wie z.B. durch

   - Bildungsurlaub (mehrere Monate) nach vereinbarten Zeitspannen, z.B. alle 3, 5 oder 7 Jahre.
   - Gezielte Teilnahme an Bildungsveranstaltungen externer Bildungsinstitutionen.
   - Teilnahme an den Weiterbildungsveranstaltungen des Unternehmens.
   - Entlastung von Managementaufgaben zur Gewinnung von „Lernzeit" entweder:

- durch einen hauptamtlichen Stellvertreter oder
- durch überlegtes Delegieren von Aufgaben an mehrere Mitarbeiter.

Wenn daran gezweifelt wird, daß professionelles Management ein optimales Berufs- und Lebensziel ist, ergeben sich neue Fragen:

Wird Dr. Neubeck seine Fähigkeiten bei einem Aufstieg ins obere Management weiterentwickeln können? Sollte er bei seiner hohen Qualifikation in seinem Berufsweg nicht mehr Flexibilität anstreben?

Wird dies bejaht, müssen im Hinblick auf seine Weiterentwicklung folgende Fragen gestellt werden:

a) Was will Dr. Neubeck in seinem Berufsleben erreichen?
b) Welche persönlichen Stärken und Schwächen könnten nach seiner eigenen Meinung seine berufliche Entwicklung beeinflussen?
c) Wie glaubt er, sich im Hinblick auf sein Berufsziel optimal weiterbilden zu können?
d) Wie würde eine Karriere nach seinem Wunsche aussehen, und welche Entwicklungsschritte möchte er gehen? Ist er in der geschilderten Situation innerlich bereit, eine Position mit größerer Verantwortung als bisher zu übernehmen?

7.3 Rollenspiele als Entscheidungshilfe

Kann Dr. Neubeck seine schwierige Berufsentscheidung allein treffen, oder braucht er dazu Orientierungshilfen? Wer könnte sie ihm geben?

Kann er von einem Kollegen, dem Vorgesetzten oder dem Personalleiter wichtige Ratschäge bekommen, die seine Eignung und Leistungsfähigkeit sowie seine Weiterbildungsmöglichkeiten und seinen beruflichen Aufstieg betreffen?

Gibt es in dem Unternehmen eine Förderungsberatung, die Dr. Neubeck eine qualifizierte „Hilfe zur Selbsthilfe" vermitteln könnte (s. Abb. 39)?

Nachdem die Gruppen die anstehende Problematik nach allen Seiten hin analysiert und über Lösungsmöglichkeiten nachgedacht haben, können drei Rollenspiele als Entscheidungshilfen inszeniert werden:

1. Das Beratungsgespräch zwischen Dr. Neubeck und seinem Kollegen,
2. das Führungsgespräch zwischen Dr. Neubeck und seinem Vorgesetzten,
3. das Förderungsgespräch zwischen Dr. Neubeck und dem Personalleiter.

Die Spieler sollten über die Art und Weise ihrer Gesprächsführung zunächst selbst entscheiden können.

Es wäre denkbar, die drei Rollenspiele mit anderen Spielern wiederholen zu lassen und die Form der Interaktion dahingehend vorzuschreiben, daß der Kollege, der Vorgesetzte und auch der Personalleiter lediglich Fragen stellen dürfen, auf die der Darsteller des Dr. Neubeck reagieren muß.

Ein Vergleich dieser eingeschränkten gegenüber der freien Form der Gesprächsführung bringt u.U. wichtige Erkenntnisse darüber, welche Gesprächsmethode für Dr. Neubeck die bessere Hilfe bringt.

7.4 Notwendigkeit einer Konzeption zur Nachwuchsförderung

In der Fallstudie „Aufstiegsberatung" hätte Dr. Neubeck eine bessere Ausgangsposition gehabt, d.h., er wäre auf die ihm angetragene Beförderung zum Hauptabteilungsleiter besser vorbereitet gewesen, wenn in dem Unternehmen ein Mitarbeiterentwicklungsprogramm bestanden hätte.

Unter Mitarbeiterentwicklung ist Nachwuchsplanung, Beurteilung, Weiterbildung und Förderung der Mitarbeiter zu verstehen.

Jedes Unternehmen muß darüber nachdenken und Konzeptionen dafür entwickeln, daß Spezial- und Führungskräfte immer dann vorbereitet zur Verfügung stehen, wenn sie benötigt werden. Wie findet, qualifiziert und fördert man Nachwuchskräfte für künftige Fach- und Führungsaufgaben?

Die Führungskräfte aller Verantwortungsebenen, aber auch jeder Mitarbeiter im Betrieb sollten darüber orientiert werden, welche Grundsätze des Unternehmen im Hinblick auf die Förderung des Führungsnachwuchses hat.

Jeder Betriebsangehörige muß wissen, ob und in welchem Umfange Nachwuchs aus den eigenen Reihen gewollt, geplant und wirklich eingesetzt wird (s. Abb. 40).

Eine Unternehmens- und Personalpolitik, die sich die systematische Förderung der eigenen Nachwuchskräfte zum Ziel gesetzt hat, muß sich auf die volle Unterstützung der Unternehmensleitung und auch aller Vorgesetzter verlassen können. Sie müssen für diese wichtige Unternehmensaufgabe die richtige Motivation erhalten. Fallbeispiele wie das vorliegende könnten dabei hilfreich sein (s. Abb. 41).

AUFGABEN EINER BETRIEBLICHEN FÖRDERUNGSBERATUNG

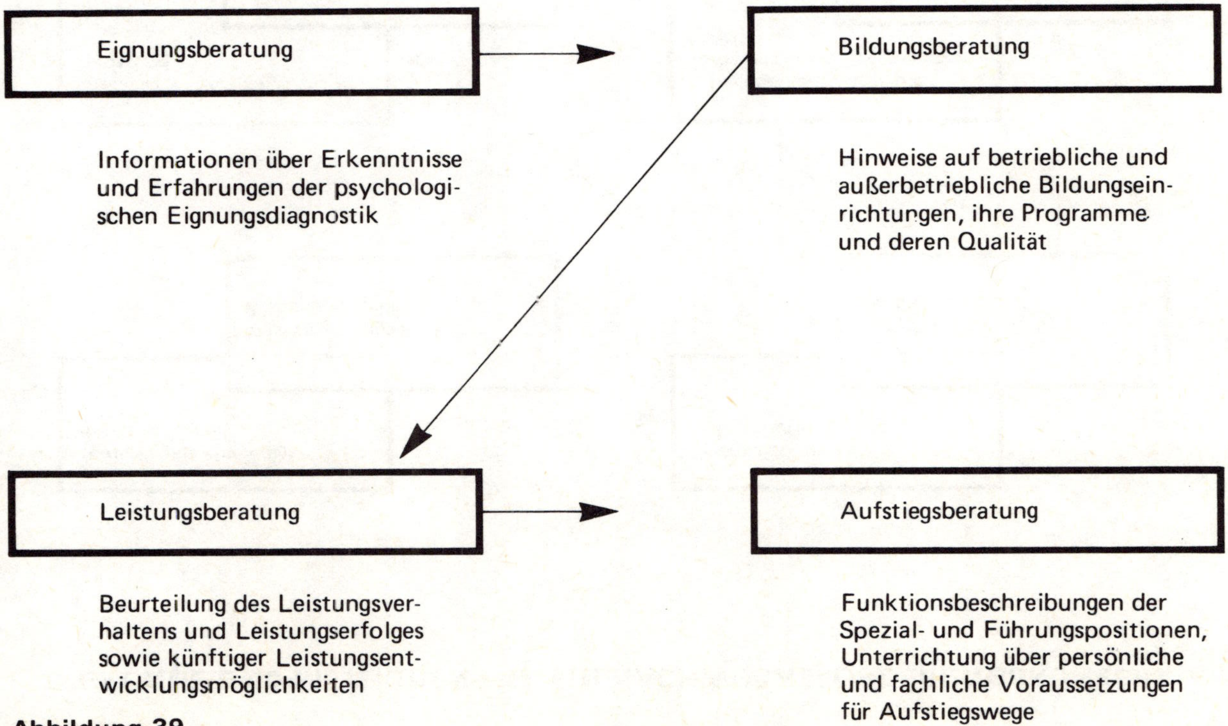

Abbildung 39

GRÜNDE UND METHODEN FÜR EIN NACHWUCHSFÖRDERUNGSKONZEPT

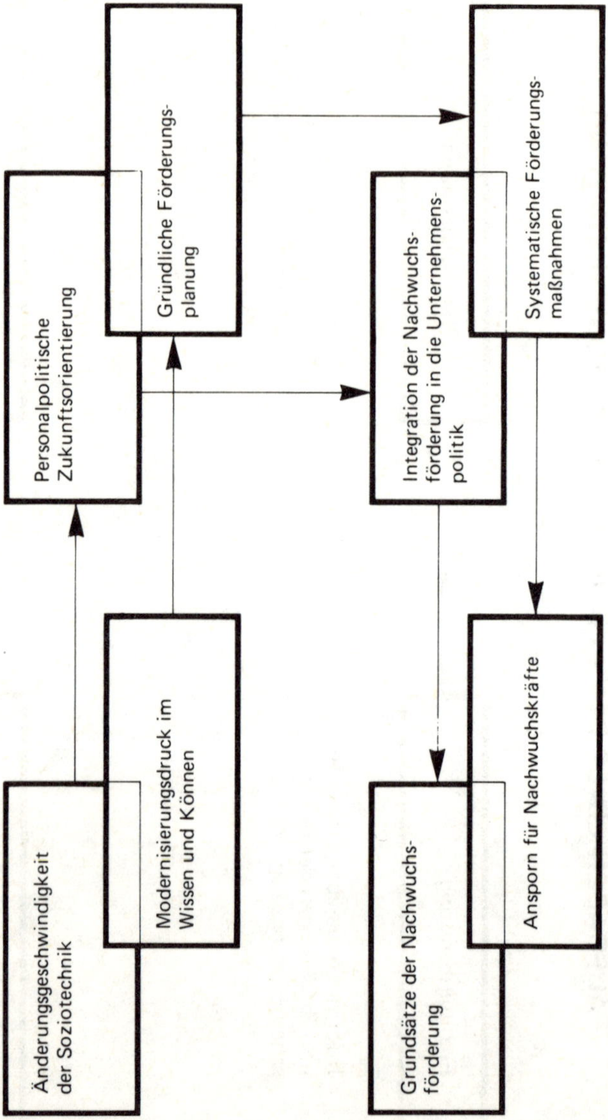

Abbildung 40

VORAUSSETZUNGEN FÜR FÖRDERUNGSERFOLGE

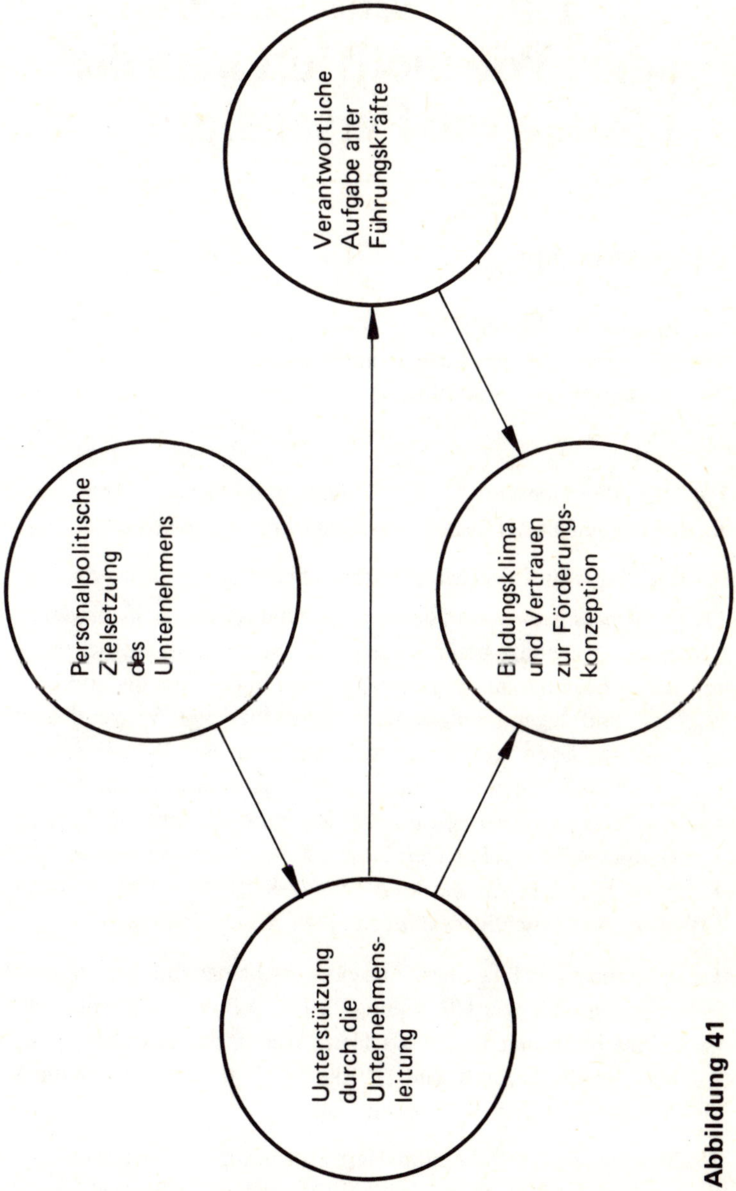

Abbildung 41

8 Der Fall: „Neuer Abteilungsleiter" oder: Wie motiviert man die Lösung von Personalproblemen?

Inhaltsübersicht

Für eine Abteilung von 15 Mitarbeitern muß ein neuer Abteilungsleiter gefunden werden, da der bisherige aus Altersgründen ausscheidet.

Als Nachfolger sind zwei Mitarbeiter denkbar:

Da ist einmal Herr Arnold, der sich während seiner zwölfjährigen Zugehörigkeit zu der Abteilung beruflich sehr gut bewährt und entwickelt hat. Er ragt mit seiner Leistung aus dem Kreis der Mitarbeiter heraus und beweist seine Aktivität und Eigeninitiative durch Einreichen von verwendbaren Verbesserungsvorschlägen und Teilnahme am allgemeinen Betriebsgeschehen. Daß er sich seinen Kollegen gegenüber oft sehr selbstbewußt und intolerant zeigt, signalisiert, daß seine Begabung für Menschenführung wenig entwickelt ist. Der Hauptabteilungsleiter, Herr Sturm, steht vor einer schweren Entscheidung. Könnte er bei der Besetzung des Abteilungsleiterpostens allein Tüchtigkeit und Erfahrung berücksichtigen, käme nur Herr Arnold in Frage.

Dessen mangelnde Führungsfähigkeiten erscheinen ihm jedoch so bedenklich, daß er sich nach langer Überlegung für Herrn Busch entscheidet, der weniger berufliche Erfahrung besitzt als Herr Arnold, der Abteilung auch erst seit 6 Jahren angehört, durch seine „glückliche Hand" im Umgang mit Menschen sich jedoch schon mehrfach bewährt hat.

Nach einem halben Jahr muß Herr Sturm konstatieren, daß die Abteilung unter der neuen Leitung in ihren Leistungen sehr nachgelassen hat. Er spricht mit Herrn Busch über seine Beobachtungen und verlangt eine Erklärung. Herr Busch ist froh, daß er sich einmal aussprechen kann. Er sieht die Ursachen im renitenten Verhalten von Herrn Arnold, dessen Leistungen sehr abgesunken sind, und der außerdem die Kollegen gegen den neuen Abteilungsleiter aufzuhetzen scheint.

Trotz aller seiner Bemühungen, den Arbeitsfrieden wieder herzustellen, sei die Zusammenarbeit in der Abteilung sehr gestört. Seine Anordnungen würden nur zögernd und widerwillig befolgt.

Die Frage ist, was Hauptabteilungsleiter Sturm jetzt tun soll, nachdem „das Kind in den Brunnen gefallen ist."

8.1 Problemlösungsverfahren

In einem Führungsseminar kann das Fallbeispiel auf dreifache Art und Weise behandelt werden:

Zunächst geht es darum, daß jeder Teilnehmer entscheidet, wie er sich in einer solchen Situation verhalten würde. Anschließend wird die Fallstudie in Gruppen durchgesprochen, und schließlich wird im Plenum versucht, eine gemeinsame Lösung zu finden.

Der Seminarleiter zeigt zunächst die Verhaltensweisen auf, die bei der Lösung solcher Problemfälle die beste Aussicht auf Erfolg haben.

Am Anfang steht eine Analyse der Situation, d.h., es wird gefragt, wie das Problem entstanden und wodurch der Konflikt ausgelöst wurde.

Danach muß geprüft werden, ob der Hauptabteilungsleiter durch seinen Führungsstil das Problem mit verursacht hat und wie er auf den offenen Konflikt reagiert. Erst dann kann über die Alternativen zur Problemlösung nachgedacht werden.

Es muß gefragt werden: Gibt es eine Chance, die beiden Kontrahenten durch persönliche oder Gruppengespräche zu einer Verhaltensänderung zu bewegen, oder kann der Fall nur durch organisatorische Maßnahmen geregelt werden?

Die Entscheidung von Hauptabteilungsleiter Sturm wird davon abhängen, wie er die Gesamtsituation und seine eigene Rolle dabei einschätzt, welche Möglichkeiten zur Problemlösung er sieht und welches Ziel er dabei verfolgt. Davon hängt auch der Weg ab, den er zur Konfliktlösung einschlägt (s. Abb. 42).

8.2 Erläuterungen zum Entscheidungsprozeß

Wendet man die formale Struktur der Entscheidungsfindung auf die vorgegebene Fallstudie an, so entsteht ein differenziertes Entscheidungsmodell. So ist eine genaue Situationsbeurteilung wichtig für den Problemlösungsprozeß.

Es muß geprüft werden, ob Herr Arnold seinen neuen Abteilungsleiter bewußt sabotiert hat, oder ob sein renitentes Verhalten nur eine ihm selbst unbewußte Reaktion darauf war, daß er sich übergangen und ungerecht behandelt fühlte. Zu welchem Zeitpunkt hat Abteilungsleiter Busch den drohenden Konflikt registriert? Was hat er getan, um ihn abzuwenden?

Wie verhielten sich die Kollegen der Abteilung? Haben sie sich, wie Herr Busch behauptet, von Herrn Arnold aufhetzen lassen, oder kümmerten sie sich nicht um den schwelenden Konflikt bzw. bemerkten sie ihn gar nicht.

Die Fallstudie sagt wenig darüber aus. Abteilungsleiter Busch braucht zur Klärung seiner Vermutungen zusätzliche Informationen. Wie verschafft er sie sich am sinnvollsten?

Das Entscheidungsmodell (s. Abb. 43). sieht als zweiten Schritt die Selbstprüfung des Hauptabteilungsleiters vor. Was hat er im Hinblick auf die Nachfolgeplanung und -steuerung getan oder versäumt? Was tat er für die Weiterentwicklung der Herren Arnold und Busch? Was weiß er vom Führungsverhalten des pensionierten Abteilungsleiters? Warum hat er sich um Herrn Busch in dessen Einarbeitungszeit so wenig gekümmert, daß er selbst nach einem halben Jahr die nachlassende Leistung der Abteilung bemerkt?

Situationsanalyse und Selbstprüfung zeigen schon die Lösungsmöglichkeiten des Konfliktes an und deuten indirekt auf Ziel und Methode der Entscheidung selbst.

8.3 Methoden der Konfliktlösung

Man kann kein Patentrezept zur Konfliktlösung geben, es bieten sich aber Verfahrenswege zur Entscheidungsfindung an, die sowohl die beteiligten Personen und ihre psychologischen Gegebenheiten, als auch die jeweilige Sachproblematik berücksichtigen. Das Entscheidungsmodell zeigt die Schritte des methodischen Vorgehens in allen denkbaren Möglichkeiten.

Die aufgezeigte Vielfalt aller dirigierenden Maßnahmen und motivierenden Gespräche gibt die Möglichkeit, gründlicher darüber nachzudenken, welches Entscheidungsziel mit welcher Methode am sichersten zu erreichen ist.

Man kann an dem Modell auch ablesen, welche Initiativen ergriffen werden sollten, wie komplex die Problemlösung ist und in welcher Richtung sich ein optimaler Weg abzeichnet. Die meisten Trainingsgruppen, mit denen der Verfasser dieses Fallbeispiel durcharbeitete, kamen zu dem Entschluß, zunächst mit Herrn Busch zu sprechen, um zu erreichen, daß er mit einem Einschalten des Hauptabteilungsleiters einverstanden ist.

Wenn Herr Busch diese Lösung ablehnt, muß nach den Motiven seiner Weigerung gefragt werden. Handelt es sich evtl. um eine aggressive Unsicherheit, weil er sich seiner Rolle als Vorgesetzter nicht recht gewachsen fühlt?

Ist er mit dem Einschalten des Hauptabteilungsleiters einverstanden, muß das Motiv dafür analysiert werden. Weicht er vielleicht allen Schwierigkeiten bequem und beflissen durch eine „Delegation nach oben" aus?

Käme seine Zustimmung aus der Haltung einer reifen Persönlichkeit, die zugunsten einer besseren Problemlösung auf Kompetenzen verzichtet, so könnte Herr Busch in einem Gespräch geprüft werden, ob er selbstkritisch genug ist, seine Führungsschwäche bei diesem Konflikt zu erkennen. Wenn auch Herr Arnold zu einer kritischen Distanz zu seinem Problem gebracht werden könnte, ist die motivierende Lösungsmöglichkeit durchaus denkbar, wenn der Hauptabteilungsleiter mit Busch und Arnold gemeinsam und schließlich in Anwesenheit von beiden mit den Kollegen der Abteilung spricht. Eine Motivation durch Gespräche muß in diesem Konflikt dazu führen, daß Arnold und seine Kollegen unter Führung von Busch zu einer produktiven Zusammenarbeit kommen. Ein Abfinden mit den gegebenen Umständen würde keine wirkliche Lösung bringen. Zusätzlich müßte mit Arnold und anderen dazu bereiten und befähigten Mitarbeitern ein Förderungsprogramm vereinbart werden, das ihnen konkrete Möglichkeiten zur persönlichen und beruflichen Weiterbildung gibt.

Unabhängig vom Verhalten des Herrn Busch muß der Hauptabteilungsleiter in jedem Falle mit Herrn Arnold sprechen, weil er wissen muß, wie er die Lage und seine Rolle in dem Konflikt einschätzt.

Sollte er renitent bleiben, gibt es nur den Ausweg, ihn zu versetzen. Selbstverständlich muß dabei berücksichtigt werden, daß er schon lange im Betrieb ist und sich große Verdienste erworben hat. Die neue Arbeit, die man ihm anbietet, müßte – zumindest in seiner Sicht – völlig gleichwertig mit der bisherigen sein. Und dem Hauptabteilungsleiter bleibt es nicht erspart, vor den Mitarbeitern der Abteilung in Anwesenheit von Abteilungsleiter Busch seine Entscheidung zu begründen.

Die Seminarleiter können aufgrund der Situationsanalyse und ihrer Ausdeutung der Selbstprüfung des Hauptabteilungsleiters auch zu anderen motivierenden oder dirigierenden Maßnahmen kommen.

Die Situation kann z.B. so verfahren erscheinen, daß beide, Busch und Arnold, versetzt werden müssen, oder Busch muß seinen Posten an einen anderen Abteilungsleiter abgeben. Schlimmstenfalls müßte die ganze Abteilung durch Versetzungen aufgelöst und mit anderen Mitarbeitern neu zusammengestellt werden.

In diesem Extremfall müßten allerdings Gespräche mit Busch und Arnold vorausgehen, damit ihr Verhalten ergründet und eine Chance für die Methode einer Konfliktlösung beurteilt werden kann.

Wenn das Gespräch zwischen Hauptabteilungsleiter Sturm und Abteilungsleiter Busch ergibt, daß Busch der negativen Entwicklung in seiner Abteilung ratlos zusah und nichts unternahm bzw. viel zu spät erkannte, daß in seiner Abteilung etwas faul war, so wird Herr Sturm andere Konsequenzen ziehen, als wenn sein Abteilungsleiter das Problem schon früh erkannte und sich – wenn auch ohne Erfolg – bemühte, mit seinem schwierigen Mitarbeiter Arnold eine faire Übereinkunft zu treffen.

Ähnlich ist es mit Arnold und den Mitarbeitern der Abteilung. Sind die Beteiligten mehr unbewußt in den Konflikt hineingestolpert, so wird dies zu anderen Entscheidungen führen, als wenn es zur Aufdeckung einer Art Verschwörung gegen den Abteilungsleiter kommt.

Der Hauptabteilungsleiter sollte sich bewußt werden, daß er Busch nicht ordnungsgemäß eingearbeitet hat, ihm keine Hilfen zur Bewältigung der anstehenden Probleme anbot und sich auch nicht davon überzeugte, wie der neue Abteilungsleiter mit seinem Führungsauftrag zurechtkam.

Die Erkenntnis, den entstandenen Konflikt und seine Folgen mit verursacht zu haben, sollte Hauptabteilungsleiter Sturm daran hindern, Herrn Arnold voreilig zum Sündenbock zu stempeln.

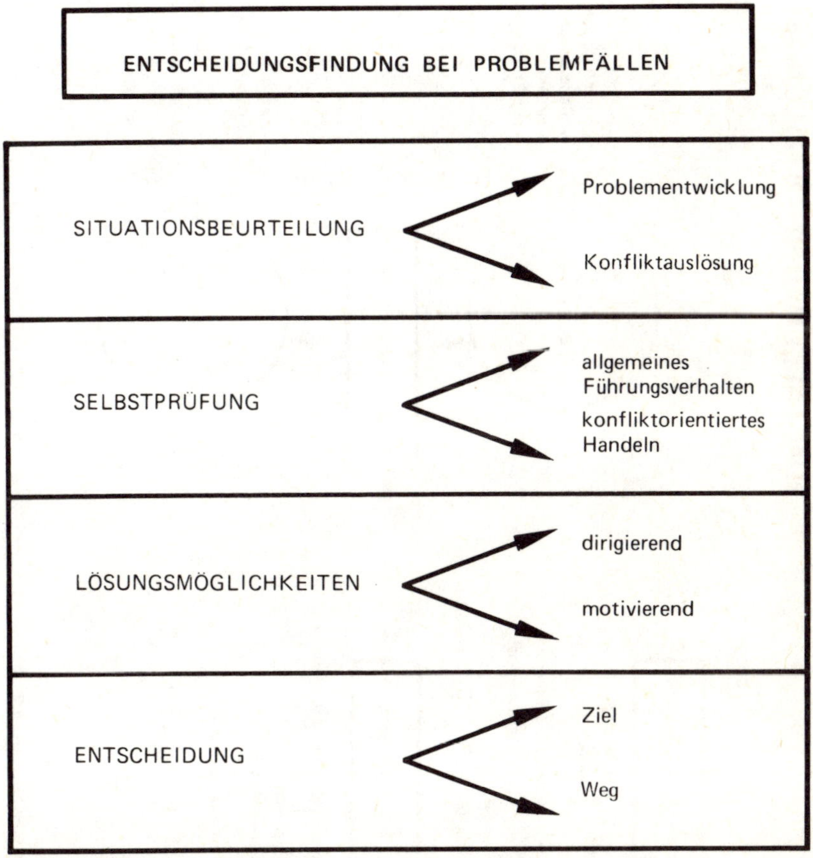

Abbildung 42

ZUM FALL: NEUER ABTEILUNGSLEITER

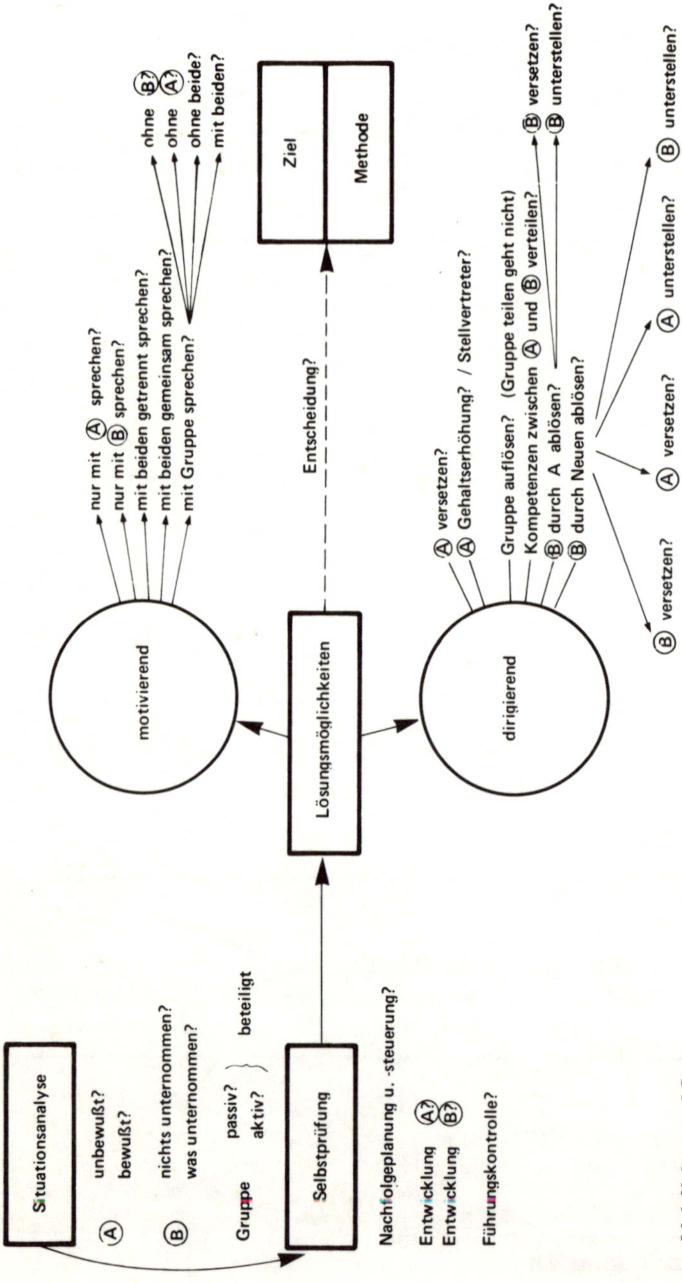

Abbildung 43

9 Der Fall: „Drohende Pensionierung" oder: Wie motiviert man die Einarbeitung eines Nachfolgers?

Inhaltsübersicht

Herr Geyer, Abteilungsleiter in einer Organisationsabteilung, ist 62 Jahre alt und soll einen Nachfolger einarbeiten, der ihn nach drei Jahren ablösen kann. Herr Geyer ist grundsätzlich mit dieser Entscheidung der Betriebsleitung einverstanden.

Es sieht so aus, als würde er alle infrage kommenden Kandidaten „frustrieren". Er gibt ihnen zu wenig Informationen und läßt sie nicht selbständig arbeiten. Deshalb haben bereits zwei gute Leute einen anderen Posten gesucht und gefunden.

In seinem letzten Beurteilungsgespräch mit Herrn Geyer hat sein Vorgesetzter, Betriebsleiter Kersten, das Problem taktvoll angeschnitten. Herr Geyer zeigte Verständnis, änderte jedoch sein Verhalten gegenüber den potentiellen Nachfolgern nicht.

Wahrscheinlich will er, weil seine jüngste Tochter noch studiert und er vor drei Jahren eine große Summe in den Bau eines stattlichen Einfamilienhauses investiert hat, versuchen, seine Tätigkeit bei der Firma über das Pensionsalter hinaus auszudehnen.

Was kann Betriebsleiter Kersten tun, um Abteilungsleiter Geyer für eine erfolgreiche Einarbeitung seines Nachfolgers zu motivieren?

9.1 Übungen

Während eines Trainingsseminars für Führungskräfte wurde diese Fallstudie besprochen und in Rollenspielen praktisch erprobt.

Dabei wurden sechs Teilnehmern die Rolle des Betriebsleiters übertragen, weitere sechs „spielten" den Abteilungsleiter. Nachdem Gesprächspartner und Reihenfolge ausgelost worden waren, fand sechsmal ein Gespräch zwischen Betriebsleiter und Abteilungsleiter statt. „Ort der Handlung" war das Büro von Herrn Kersten, der Herrn Geyer zu sich gebeten hatte.

In vier Fällen leitete der Darsteller des Herrn Kersten das Gespräch mit der Frage nach den bisherigen Erfahrungen des Abteilungsleiters in Sachen „Nachfolger einarbeiten" ein. Zwei „Betriebsleiter" stellten eingangs ohne Überleitung fest, daß Herr Geyer mit seinen Bemühungen um einen Nachfolger offenbar keinen Erfolg gehabt habe.

9.2 Gruppengespräche zur Situation

Diejenigen Seminarteilnehmer, die keine Rolle übernommen und dafür die Aufgabe hatten, das Spiel genau zu beobachten, waren sich einig, daß die viermal angewandte „fragende Gesprächseröffnung" zu einer klareren Beurteilung der Situation geführt hatte. An der Reaktion des Abteilungsleiters auf eine offene Frage erkennt der Betriebsleiter, ob dessen Verzögerungstaktik in Sachen Nachfolger von materiellen Erwägungen bestimmt wird, oder ob sein Selbstwertgefühl von der Stellung im Beruf abhängt und die Berufsarbeit ein wesentlicher Bestandteil seines Lebens ist, den er nicht aufgeben möchte.

Um die Lage genau beurteilen zu können und sein Verhalten darauf einzustellen, muß der Betriebsleiter herausbekommen, ob Herr Geyer sein Verhalten und die Gründe dafür selbst erkennt. Es könnte auch sein, daß er die als Nachfolger vorgesehenen Mitarbeiter nicht richtig für das neue Amt motiviert, ohne dies selbst zu wissen.

9.3 Problemlösung durch Motivation oder Dirigismus?

Problemlösung durch Motivation hat nur dann Aussicht auf Erfolg, wenn dem Konfliktauslöser – in diesem Fall Herrn Geyer – die Ursachen seines Verhaltens bewußt sind. Ist dieses Bewußtsein nicht vorhanden, und gelingt es dem Vorgesetzten trotz aller Bemühungen nicht, dem Abteilungsleiter seine falsche Einstellung in der Nachfolgerfrage klarzumachen, dann sind nur noch dirigierende Maßnahmen geboten.

9.4 Verhaltenssteuerung durch Selbstprüfung

Bevor sich der Vorgesetzte dazu entschließt – die Beobachter der Rollenspiele konnten dies klar erkennen und in den Auswirkungen verfolgen – muß er sich ganz ernsthaft fragen und auch in seinem Gespräch zum Ausdruck bringen, ob er durch zu lässige Nachfolgeplanung und -steuerung den Konflikt mit verursacht hat,oder ob er sich zu wenig darum kümmerte, die berufliche und die private Situation des Herrn Geyer in Beratungs- und Förderungsgesprächen zu klären und „aufzuarbeiten".

9.5 Entscheidungsmodell als Hilfe zur Konfliktlösung

Ein Entscheidungsmodell (s. Abb. 44) kann den Prozeß der Konfliktlösung verdeutlichen und dazu verhelfen, daß Personalprobleme und -konflikte dieser Art nicht zu verkürzt oder gar zu oberflächlich behandelt werden.

Wie kann Herr Geyer am besten dazu motiviert werden, seinen Nachfolger bereitwillig und engagiert einzuarbeiten?

In zwei der im Seminar geübten Rollenspiele gelang es dem Vorgesetzten, den Abteilungsleiter zur Einsicht in seine notwendige Einstellungs- und Verhaltensänderung zu bewegen. In einem weiteren Rollenspiel stellte Betriebsleiter Kersten Herrn Geyer nach dessen Pensionierung einen befristeten Beratervertrag in Aussicht – unter der Voraussetzung, daß es ihm gelänge, innerhalb von zwei Jahren einen vollwertigen Nachfolger heranzubilden.

Ein drittes Rollenspiel brachte die dirigistische Lösung. Der Abteilungsleiter gab „klein bei", nachdem der Betriebsleiter mit der Ablösung gedroht hatte, wenn die Einarbeitung eines Nachfolgers nicht innerhalb eines Jahres vollzogen werde.

Ein anderes Rollenspiel endete damit, daß der Abteilungsleiter um Bedenkzeit bat, nachdem die Aussprache zu keinem befriedigenden Ergebnis geführt hatte.

Nur ein Rollenspiel ging „dramatisch" mit dem „Abbruch der Beziehungen" zwischen Abteilungsleiter und Betriebsleiter zu Ende.

9.6 Methoden der Gesprächsführung

Die beobachtenden Seminarteilnehmer stellten mit Interesse fest, daß in den zwei Rollenspielen, in denen der Abteilungsleiter sich positiv zu seinem Problem verhielt und eine Verhaltensänderung zusagte, der Vorgesetzte das Gespräch fast nur in Frageform geführt hatte.

In den übrigen Spielszenen sagte der Betriebsleiter dem Abteilungsleiter teils wohlwollend-verständnisvoll, teils scharf „seine Meinung".

Die Beteiligten diskutierten lebhaft darüber, in welcher Weise und in welchem Umfang die Methode der Gesprächsführung das Gesprächsresultat beeinflußt hatte.

9.7 Grundsätzliche Regelungen und Einstellungen

Zum Schluß ihrer Analyse des Fallbeispieles erklärten Rollenspieler und Beobachter gemeinsam, daß das Problem „Nachfolger einarbeiten" für alle Beteiligten dann besser lösbar sei, wenn einerseits eine verbindliche betriebliche Regelung über die Pensionierung aus Altersgründen bestünde und andererseits leitende Mitarbeiter aus allen Funktionsbereichen darauf vorbereitet würden, dem aktiven Arbeitsleben ohne Frustration den Rücken zu kehren, nachdem sie rechtzeitig „ihr Haus gut bestellt" hätten.

ENTSCHEIDUNGSMODELL "DROHENDE PENSIONIERUNG"

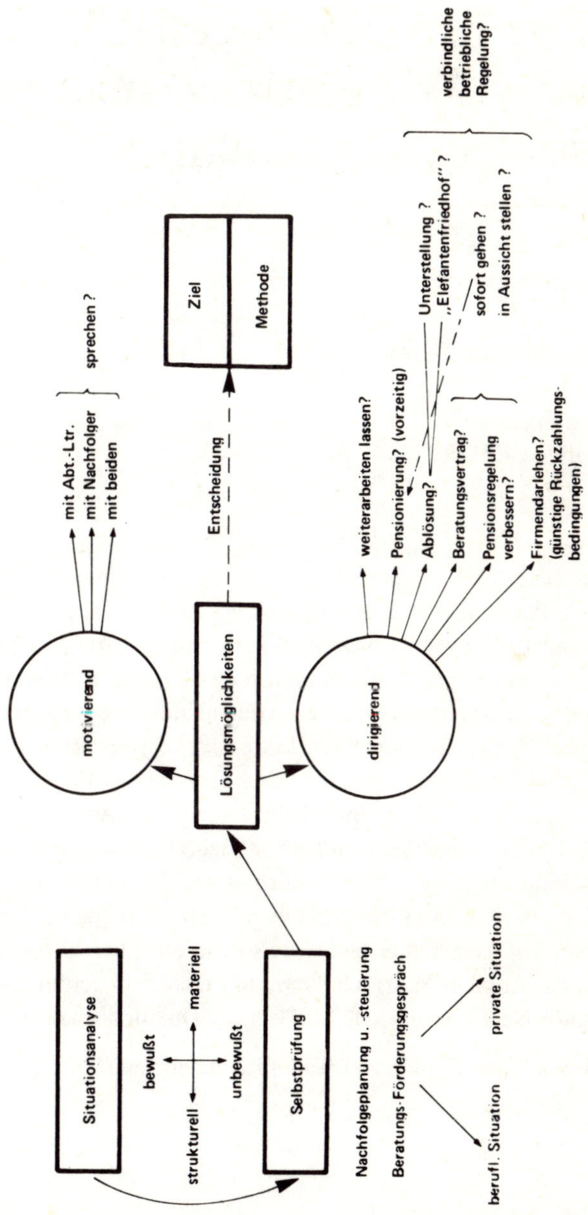

Abbildung 44

10 Der Fall: „Kollegen-Ulk" oder: Wie motiviert man gegenseitiges Verständnis?

Inhaltsübersicht

Walter Klein hat die Arbeitsstelle gewechselt. Am Abend des ersten Tages in der neuen Firma trifft er seinen Freund, Horst Redwitz, in der Stammkneipe und berichtet: „Ich glaube nicht, daß ich lange in dem Saftladen bleibe. Der Meister hat mich zwar ganz freundlich empfangen, aber 'ne richtige Arbeit hat er mir nicht gegeben. So mußte ich überall nur aushelfen, und die Kollegen haben mich auch schon veralbert. Einer sagte zu mir, ich solle in der Werkzeugausgabe eine Rohrseele holen. Wie kann ich als Neuer wissen, daß die darunter nur die Höhlung eines Rohres verstehen. Aber als ich zurückkam, haben sich alle ausgeschüttet vor Lachen. Beim Mittagessen sind sie ohne mich in die Kantine gegangen. Als ich mich glücklich dorthin durchgefragt hatte und mich mit meinem Tablett an einen Tisch setzte, da haut mir doch einer von hinten auf die Schulter und sagte so von oben herab: Nichts zu machen, Kollege, das ist mein Platz! Ich kann Dir sagen, dort verdufte ich wieder, sobald ich was Neues gefunden habe. Da mußt Du mir doch recht geben!"

Wie würden Sie als Freund von Walter Klein reagieren?

10.1 Training zum Thema

Vielleicht fällt das Fallbeispiel nicht in Ihre unmittelbare Berufssphäre. Sie sollten sich trotzdem einmal in die geschilderte Lage von Herrn Klein hineinversetzen und sich auch in die Rolle seines Freundes einfühlen. Unter Umständen haben Sie in einer ganz anderen Arbeitsumgebung ähnliches erlebt.

Wäre es aufschlußreich für Sie, das geschilderte Gespräch der beiden Freunde unter Verwandten oder Bekannten, vielleicht auch mit Kollegen fortzusetzen?

Sind Sie neugierig auf die Reaktion Ihres Gesprächspartners? Sie sollten es einmal ausprobieren!

Solche Versuche, Verhaltensweisen „auf den Prüfstand" zu bringen, kann man auch in „Trainingsseminaren" ausprobieren. Je drei Teilnehmer bekommen die Aufgabe, das Gespräch der beiden Freunde nachzuspielen bzw. zu beobachten. Anschließend machen die drei eine Analyse ihrer Erfahrungen und Beobachtungen.

10.2 Rollentausch

Bei diesen Übungen sollten die „Rollen" auch einmal ausgetauscht werden. Jeder Trainingsteilnehmer erlebt sich auf diese Weise in der Rolle des einen und des anderen. Wichtig ist, wie der eine das Verhalten des anderen empfindet und umgekehrt.

Wenn der eine vom anderen um Hilfe, Rat, Trost oder auch nur um Verständnis gebeten wird, muß er sich in dessen Lage und Empfindungen versetzen können und Sensibilität dafür entwickeln, auf welche Weise der Partner sich am besten ansprechen läßt.

10.3 Ein Eigentest

Prüfen Sie einmal selbst, wie Sie sich als Freund verhalten würden. Was erwartet Herr Klein von Ihnen? Mit welchen Verhaltensmöglichkeiten können Sie seinen Bedürfnissen am ehesten entgegenkommen?

Kreuzen Sie eine der folgenden acht Aussagen an, mit der Sie – in der Rolle des Freundes – spontan konform gehen:

- Ich stimme mit Dir überein. Mir ginge das genauso. (7)
- Nu mal sachte mit den jungen Pferden! Das gibt sich, und man wird Dich bald o.k. finden. (3)
- Das beste ist, Du redest mit denen! Du mußt auf die Kollegen zugehen, und Dich mit ihnen arrangieren. (2)
- Das kann man kaum ändern. Du kannst nur abwarten! (5)
- So sind halt die Menschen! Aber laß man, das wird sich mit der Zeit ändern. (6)
- Nur nicht unterkriegen lassen! Zeig ihnen, was eine Harke ist! (1)
- Einfach nichts gefallen lassen! Die können Dich mal ...! (8)
- Ich würde das nicht so tragisch nehmen. Vielleicht waren die nur gedankenlos. (4)

10.4 Kollegiale Hilfe

Tragen Sie das Ergebnis Ihres Tests in das Schaubild ein (s. Abb. 45). In welcher Richtung wollten Sie Walter Klein durch Ihr Gespräch steuern? Sollte er sich Ihrer Meinung nach seinen Arbeitskollegen gegenüber mehr offensiv oder mehr defensiv verhalten, mit ihnen mehr ich-orientiert oder mehr gemeinschaftsorientiert interagieren?

Mit welcher Verhaltensform versuchen Sie, ihm zu helfen? Sind Sie mit dem Autor der Meinung, daß Herr Klein sein Problem am besten löst, wenn er den „Kram nicht einfach hinschmeißt" oder resigniert, sich aber auch nicht widerstandslos anpaßt und „unterbuttern" läßt, sondern sich mit seinen Kollegen im Gespräch auseinandersetzt? Dann haben Sie sich ihm gegenüber unterstützend und beratend verhalten.

VERHALTENSRICHTUNGEN UND VERHALTENSMETHODEN

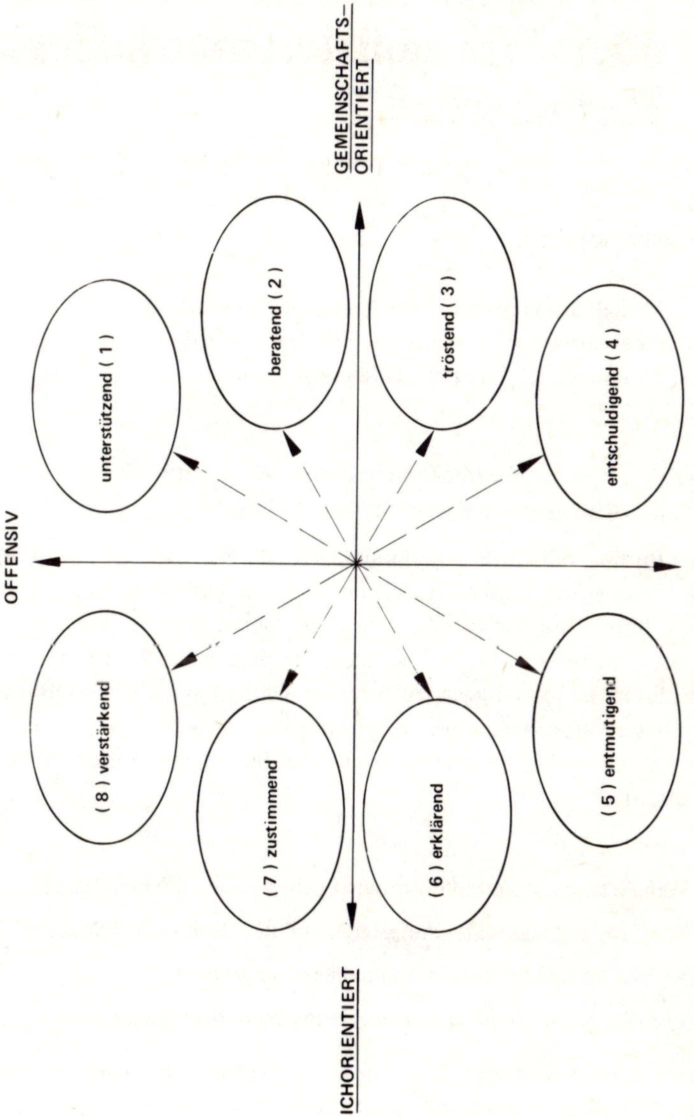

Abbildung 45

11 Der Fall: „Verärgerte Mitarbeiter" oder: Wie motiviert man kollegiale Partnerschaft?

Inhaltsübersicht

Frau Eggert ist Sachbearbeiterin und stellt wöchentliche Terminlisten zusammen. Sie ist als genau und gewissenhaft bekannt.

Herr Burnus, der Leiter einer anderen Abteilung (also nicht der Vorgesetzte von Frau Eggert), muß einen Auftrag verfolgen und findet dabei einen Fehler in der Terminliste. Sofort geht er zu Herrn Oertel, dem Vorgesetzten von Frau Eggert, und beschwert sich über diese Nachlässigkeit. Herr Oertel bittet ihn, sich direkt an Frau Eggert zu wenden. Daraufhin stellt Herr Burnus Frau Eggert sehr aufgebracht zur Rede. Frau Eggert reagiert heftig und läuft mit einer Beschwerde zu Hauptabteilungsleiter Sikora, ihrem nächsthöheren Vorgesetzten.

Bitte prüfen Sie:

1. Welche anderen Verhaltensmöglichkeiten hatten die Beteiligten?
2. Wie kann der Hauptabteilungsleiter auf die Beschwerde reagieren?
3. Welche Verhaltensweisen wären die besten gewesen?
4. Wie sähe die beste Reaktion des Hauptabteilungsleiters aus?

Wenn dieses Fallbeispiel in einem Kreis von mehr als zehn Seminarteilnehmern behandelt werden soll, können die beiden ersten Fragen entweder einzeln oder in Gruppen oder aber zuerst einzeln und dann in Gruppen beantwortet werden.

11.1 Verhaltensspielraum der handelnden Personen

Herr Oertel hätte, nachdem ihm Herr Burnus den Fehler in der Terminliste mitgeteilt hat, Frau Eggert nur auf ihr Versehen hinweisen oder aber die ganze Angelegenheit kommentarlos „ad acta" legen können (Abb. 46 [1]).

Möglich wäre auch gewesen, daß Frau Eggert aufgrund des Hinweises von Herrn Oertel sich bei Herrn Burnus entschuldigt und evtl. die Fehlerursachen mit ihm besprochen hätte (Abb. 46 [2]).

Herr Oertel hätte aber auch, ergänzend zu seinem Hinweis, mit Frau Eggert besprechen können, wie solche Fehler in Zukunft vermieden werden können (Abb. 46 [3]).

Auch Frau Eggert hätte sich anders verhalten können.

Wenn Herr Oertel seinen Kollegen Burnus direkt an sie verweist und sie sich durch die Form der Beschwerde verletzt fühlt, so wäre es doch nicht notwendig gewesen, sich nun ihrerseits beschwerdeführend an den Hauptabteilungsleiter zu wenden. Frau Eggert hätte vielmehr zu ihrem Chef gehen können, und dieser hätte mit ihr zusammen überlegen können, wie die ärgerliche Sache so schnell und vernünftig wie möglich bereinigt werden kann (Abb. 46 [4]).

Frau Eggert hätte aber auch mit Herrn Burnus direkt über seinen befremdlichen Umgangston und den von ihr begangenen Fehler sprechen können (Abb. 46 [5]).

Auch ein direktes Gespräch zwischen Herrn Burnus und Frau Eggert, ohne Einschaltung von Herrn Oertel, wäre denkbar gewesen (Abb. 46 [6]).

11.2 Alternativen zum Verhalten des Hauptabteilungsleiters

Da der dargelegte Verhaltensspielraum von den Beteiligten nicht ausgenützt wird, und Frau Eggert die Situation durch Ansprechen des nächsthöheren Vorgesetzten verschärft, muß nach den Verhaltensalternativen des Hauptabteilungsleiters in diesem Fall gefragt werden.

Er kann die von Frau Eggert vorgebrachte Beschwerde lästig finden und die Mitarbeiterin einfach „abwimmeln". Davon abgesehen gibt es acht Verhaltensvarianten, mit deren Hilfe er die Angelegenheit für alle Beteiligten „ins Reine" bringen kann:

Der Hauptabteilungsleiter kann versuchen, Frau Eggert mit dem Hinweis zu trösten, daß er mit Herrn Burnus über dessen unfreundliches Verhalten sprechen werde, um Verärgerungen bei evtl. erneut auftretenden Pannen zu vermeiden (Abb. 47 A,). Er kann sich aber auch die Zeit zu einem längeren Gespräch mit Frau Eggert nehmen, um ihren Ärger „aufzuarbeiten". Er könnte dabei versuchen, ihr Selbstbewußtsein zu festigen, indem er mit ihr gemeinsam Verhaltensmöglichkeiten erörtert, mit deren Hilfe sie den Vorfall von sich aus besser bewältigt hätte.

Er kann sie aber auch fragen, warum sie mit ihrer Beschwerde ihren Chef, Herrn Oertel, übergangen hat, um sich direkt an ihn, den Hauptabteilungsleiter, zu wenden (Abb. 47 B,).

Unabhängig davon kann Hauptabteilungsleiter Sikora Herrn Burnus zu sich bitten, um mit ihm grundsätzlich das Führungsverhalten eines Vorgesetzten bei auftretenden Fehlleistungen von Mitarbeitern zu besprechen (Abb. 47 C,).

Möglich ist auch, daß er zusätzlich zu den geschilderten Aktivitäten mit Herrn Oertel bespricht, wie sich nach seiner Meinung ein Vorgesetzter verhalten sollte, wenn ein Dritter sich in seine Personalbelange einmischt, indem er die Leistung seiner Mitarbeiter bemängelt (Abb. 47 D,).

Bei den vier Reaktionsmöglichkeiten des Hauptabteilungsleiters handelt es sich um Interaktionen in Form von Einzelgesprächen. Daneben kann er aber auch sofort oder im Anschluß an die Einzelgespräche Gruppenaussprachen arrangieren. So wäre ein Gespräch mit den Abteilungsleitern Burnus und Oertel denkbar, bei dem es um richtiges Führungsverhalten geht (Abb. 47 E,).

Wenn er die Tiefe der Verärgerung erkennt, die möglicherweise Schwierigkeiten der Zusammenarbeit zur Folge haben wird, kann der Hauptabteilungsleiter ein Konfliktlösungsgespräch gemeinsam mit Frau Eggert und Herrn Burnus versuchen (Abb. 47 F,). Wenn er in der Tatsache, daß Frau Eggert sich mit ihrer Beschwerde, ihren Vorgesetzten übergehend, direkt an ihn gewandt hat, einen Vertrauens- und Solidaritätsverlust zwischen Herrn Oertel und Frau Eggert erkennt, kann Hauptabteilungsleiter Sikora versuchen, in einem Dreier-Gespräch das Vertrauensverhältnis zwischen Vorgesetzten und Mitarbeiterin zu verbessern (Abb. 47 G,). Zuletzt kann sich der Hauptabteilungsleiter fragen, ob und wann ein Vierer-Gespräch mit allen Beteiligten angezeigt ist, um den Fall „Verärgerte Mitarbeiter" gemeinsam zu bereinigen (Abb. 47 H,).

11.3 Gruppenarbeit zur Entscheidungsfindung

Während die Fragen 1 und 2 lediglich die Verhaltensmöglichkeiten berühren, um die verschiedenen Alternativen des Agierens und Reagierens herauszustellen, fordern die Fragen 3 und 4 zur Entscheidung darüber auf, welches Verhalten unter welchen Voraussetzungen optimaler erscheint und warum das so ist.

Entscheidungsfindung und -begründung sollten in Gruppen erarbeitet werden, wobei es verschiedene Methoden zur Problemlösung gibt.

Einmal kann der „Fall" ganz allgemein ohne vorgegebene „Blickrichtung" behandelt werden. Die Erfahrung hat gezeigt, daß es besser ist, wenn die Gruppen die beiden Fragen (3 und 4) vom Standpunkt der Beteiligten aus angehen, d.h. eine Gruppe versucht, Reaktionen und Verhaltensweisen aus der Situation der Frau Eggert zu beurteilen, die anderen Gruppen jeweils aus der Sicht der Herren Burnus und Oertel oder vom Blickpunkt des Hauptabteilungsleiters aus.

Bei der Behandlung der Frage 4 können Rollenspiele vor- oder zwischengeschaltet werden, in denen die Rolle des Hauptabteilungsleiters, der Sachbearbeiterin und des Abteilungsleiters von Seminarteilnehmern gespielt werden.

Die Selbsterfahrung der Rollenspieler und die Beobachtungen der übrigen Teilnehmer können wertvolle Hilfen nicht nur für die Beantwortung der Frage 4, sondern auch der Frage 3 geben. Auf die Frage „Welche Verhaltensweisen wären die besten gewesen?" kann kaum eindeutig geantwortet werden.

Wird die „Schutz- und Schirm-Funktion" des Vorgesetzten seinem Mitarbeiter gegenüber für vordringlich gehalten, fällt die Entscheidung vermutlich zugunsten von Verhaltensmuster Abb. 46 [3]), d.h., der direkte Vorgesetzte versucht, den Vorfall im Gespräch mit seiner Mitarbeiterin zu klären. Durch das „Sich-vor-die-Mitarbeiterin-stellen" und auf eine Bereinigung im „Innenverhältnishoffen" kommt Frau Eggert jedoch nicht zur Selbständigkeit und Mitverantwortung nach außen. Wenn man gerade diese beiden letztgenannten Fähigkeiten als oberstes Beurteilungskriterium für kooperatives Führungsverhalten ansieht, muß die Antwort vielleicht das Verhaltensmuster 2 anstreben, in dem der Vorgesetzte seiner Mitarbeiterin die Kritik eines anderen Abteilungsleiters mitteilt und sie dadurch in die Lage versetzt, selbst initiativ zu werden und von sich aus mit Herrn Burnus über den von ihr verursachten Fehler zu sprechen.

Denkbar ist auch eine Gruppenentscheidung für das Verhaltensmuster 6, wo eine Sachbearbeiterin im Einvernehmen mit den Abteilungsleitern eine so selbständige und selbstverantwortliche Position im Betrieb erworben hat, daß sich im gegebenen „Fehler-Fall" Herr Burnus unmittelbar mit Frau Eggert auseinandersetzen kann.

Ist dies der Fall, dann kann von Frau Eggert soviel Selbstsicherheit und Konflikttoleranz erwartet werden, daß sie sich einem Kritik-Übenden gegenüber, der sich im Umgangston gehen läßt, kooperativ einigt.

Im beschriebenen Fall hat Frau Eggert diese Souveränität nicht. Sie wendet sich vielmehr rat- und hilfesuchend an die höchste ihr erreichbare Instanz.

Die Frage ist, ob Hauptabteilungsleiter Sikora die Rolle des „Obersten Richters" übernehmen will oder ob er versuchen wird, Frau Eggert zu größerem Selbstbewußtsein und zu einem eigenständigen Verständnis ihrer Aufgaben zu führen.

Wenn es ihm gelingt, den „Stellenwert" von Frau Eggert auch den beteiligten Vorgesetzten bewußt zu machen, wenn er sich auf diese Weise als „Trainer" seiner Mitarbeiter versteht, kann das in Abb. 47 H, beschriebene Gruppengespräch angedacht werden. Das bedeutet, der Hauptabteilungsleiter hat durch richtige Motivation seine Mitarbeiter zu solcher Persönlichkeitsreife und Gemeinschaftsfähigkeit geführt, daß er Konfliktlösungen im Gruppengespräch mit ihnen gemeinsam anstreben kann.

VERHALTENSMÖGLICHKEITEN DER BETEILIGTEN

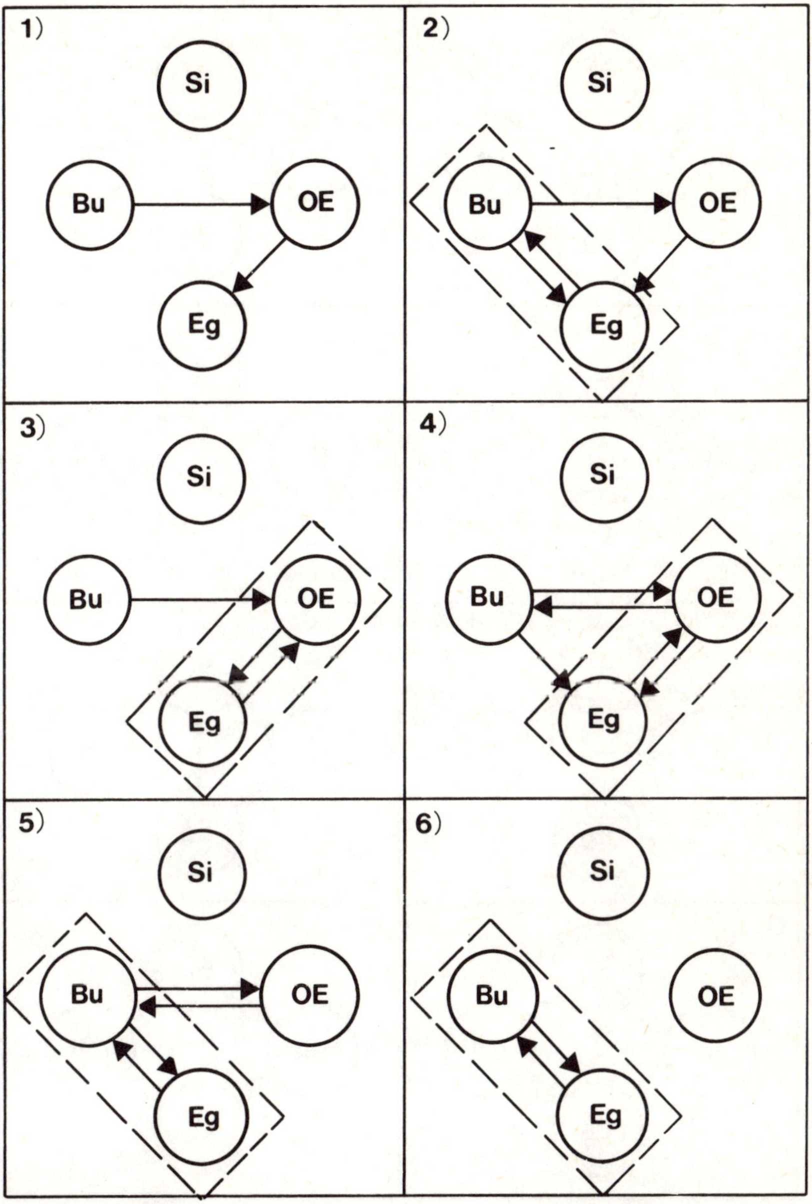

Abbildung 46

VERHALTENSALTERNATIVEN DES HAUPTABTEILUNGSLEITERS

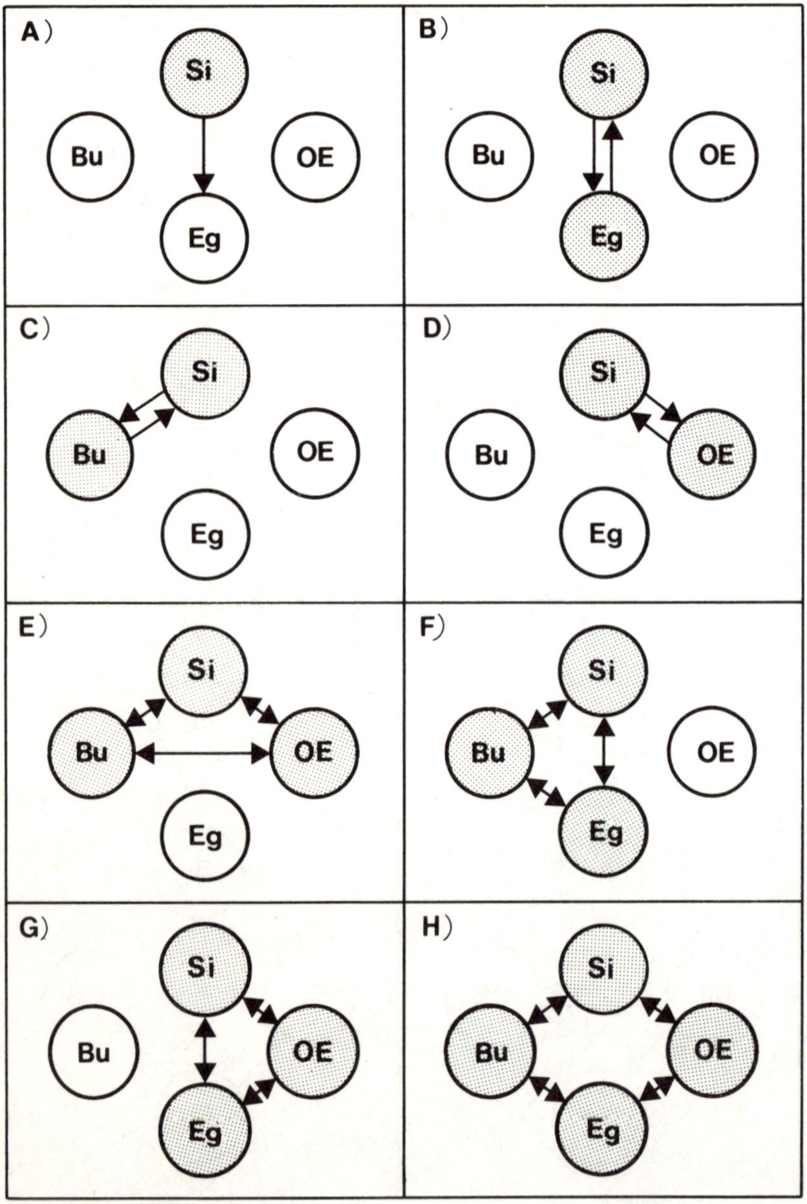

Abbildung 47

12 Der Fall: „Beziehungsstörung" oder: Wie motiviert man die Verarbeitung sozialer Konflikte?

Inhaltsübersicht

Frau Lange, eine Sachbearbeiterin, möchte an einem Freitag Urlaub nehmen. Sie erwartet an diesem Tag den von auswärts kommenden Nachmieter ihrer Wohnung, dem sie einige Einbauten verkaufen möchte. Es handelt sich dabei um beachtliche Beträge.

Bereits am Montag trägt sie ihr Urlaubsgesuch bei Abteilungsleiter Barth vor, der es jedoch ablehnt, da seine Abteilung an jedem Freitag Hochbetrieb hat und z.Z. die Zahl seiner Mitarbeiter durch Urlaub und Krankheit stark dezimiert ist. Außerdem hält er den vorgebrachten Urlaubsgrund für nicht entscheidend wichtig.

Frau Lange trägt daraufhin dem Hauptabteilungsleiter ihre Urlaubsbitte vor. Nach Rücksprache mit Herrn Barth will auch er den Urlaub nicht gewähren.

An dem bewußten Freitag erscheint Frau Lange nicht zur Arbeit. In einem Telefonat entschuldigt sie sich bei Herrn Barth mit starken Kopfschmerzen. Sie habe mit ihrem Hausarzt gesprochen und werde auch eine Krankmeldung vorlegen, wenn der Abteilungsleiter dies wünsche. Sie nehme an, daß sie am Montag wieder zur Arbeit kommen könne.

Wie verhält sich Abteilungsleiter Barth, wenn Frau Lange am Montag an ihrem Arbeitsplatz sitzt?

12.1 Verhaltensnotstand

Es ist verständlich, daß er über die Entwicklung der Dinge sehr ärgerlich ist. Seine zwischenmenschlichen Beziehungen zu Frau Lange sind erheblich gestört, und er fragt sich: War Frau Lange nun wirklich krank, oder wollte sie mich „verschaukeln"?

Auch nach einigem Nachdenken bleiben seine Empfindungen der Mitarbeiterin gegenüber ambivalent. Er will ihr nicht unrecht tun, er möchte aber auch nicht „übers Ohr gehauen" werden.

Wie soll er sich verhalten?

Anderseits ist aber auch Frau Lange verunsichert. Sie fragt sich: Nimmt mir mein Chef den Entschuldigungsgrund ab? Wie sehr habe ich ihn verärgert? Sie fühlt sich irgendwie schuldig, selbst wenn sie wirklich arbeitsunfähig war und eigentlich unschuldig ist.

Wie soll sie sich verhalten?

Das Verhaltensdilemma von Herrn Barth könnte am besten gelöst werden, wenn Frau Lange von sich aus ihren Vorgesetzten ansprechen und ihm gegenüber ihre Fragen und Empfindungen offen aussprechen würde.

Leider kommt eine solch wünschenswerte Initiative von seiten des Mitarbeiters in der Praxis realtiv selten vor. Meist ist es der Vorgesetzte, der in einem solchen kooperativen Konflikt die Verhaltensentscheidung treffen muß.

12.2 Welche Auswege gibt es?

Für Herrn Barth liegt die Versuchung nahe, diese unangenehme „Personalsache" und seinen Verhaltenskonflikt an andere einschlägige betriebliche Institutionen abzugeben. Er könnte die Konfliktlösung z.B. an seinen Chef, den Hauptabteilungsleiter, „delegieren". Möglich wäre es auch, den Sachverhalt der Personalabteilung vorzutragen, damit sie sich darum kümmert und mit Frau Lange spricht. Auch das Einschalten des Betriebsarztes, der Sozialarbeiterin (so vorhanden) oder auch des Betriebsrates könnte erwogen werden.

Es muß gefragt werden, ob das Abwälzen einer Verhaltensentscheidung auf andere betriebliche Stellen legitim ist, oder ob es zur Führungsaufgabe eines Abteilungsleiters gehört, derartige Konflikte selbst zu bereinigen?

Wahrscheinlich werden die meisten Leser mit dem Autor einer Meinung sein: Ein guter Vorgesetzter versucht zunächst, auftauchende Probleme und Konflikte in seinem Verantwortungsbereich selbst zu lösen. Unabhängig davon muß gefragt werden: Was würden die verantwortlichen Personen der in dieser Sache angesprochenen Dienststellen tun?

12.3 Ausnahme oder die Regel?

Wenn Frau Lange sich solche Eigenwilligkeiten schon einmal oder gar öfter geleistet hat, oder wenn ähnliche Vorgänge auch schon bei anderen Mitarbeitern vorgekommen sind, muß Herr Barth mit Frau Lange darüber sprechen. Aber wie fängt er das an, und welche Richtung gibt er dem Gespräch?

Seine Mitarbeiterin kann ja tatsächlich unpäßlich gewesen sein, obwohl der Verdacht berechtigt ist, daß sie die Krankheit nur simuliert hat, um ihre persönlichen Angelegenheiten zu erledigen.

Wenn eine Erkrankung vermutet werden kann, wird Herr Barth mit Frau Lange über ihren Gesundheitszustand sprechen und ihr vielleicht raten, einmal mit dem Betriebsarzt über ihre Beschwerden zu reden.

Besteht jedoch der Verdacht auf ein Täuschungsmanöver, muß der Abteilungsleiter der Mitarbeiterin ernsthaft „ins Gewissen" reden.

In beiden Fällen sollten sich Vorgesetzter und Mitarbeiterin darüber einigen, ob und in welcher Form die Arbeitsgruppe von den Gesprächen unterrichtet werden soll, denn die Arbeitskollegen von Frau Lange waren ja von ihrer Abwesenheit mitbetroffen und sind außerdem Zeuge des Konfliktes zwischen Herrn Barth und Frau Lange nach dem Vorfall gewesen.

12.4 Ein Sonderfall?

Wenn sich Frau Lange zum ersten Mal einem berechtigten Verdacht ausgesetzt hat und ähnliche Probleme mit ihren Kolleginnen und Kollegen noch nicht aufgetreten sind, sollte Herr Barth die Angelegenheit nicht hochspielen. Soll er aber nun gar nichts tun und die Sache einfach auf sich beruhen lassen?

Selbst wenn er sich dazu entschließt, unter dem Motto: „Einmal ist keinmal" über den Vorfall zur Tagesordnung überzugehen, bleibt sein Zweifel Frau Lange gegenüber bestehen, und er fragt sich: Was war wirklich los? Auch Frau Lange ist ihrem Chef gegenüber unsicher und grübelt darüber nach, ob sie ihn sehr verärgert hat.

Zweifel und Unsicherheit sollten jedoch nicht verdrängt werden, weil sie – bewußt oder unbewußt – die zwischenmenschliche Kooperation belasten.

An Herrn Barth geht die Empfehlung, zu einem geeigneten späteren Zeitpunkt mit Frau Lange zu sprechen. Wie aber fängt er das an? Vielleicht ginge es so:

„Wissen Sie, Frau Lange, die Urlaubsgeschichte von damals – Sie wissen, ich habe da nicht nachgehakt, hat mich doch in einen Konflikt gebracht. Ich wußte nicht genau, was wirklich los war mit Ihnen und wie ich mich Ihnen gegenüber verhalten sollte. Ich hatte den Eindruck, Sie fühlten sich mir gegenüber auch nicht wohl in Ihrer Haut. Halten Sie es für richtig, daß wir noch einmal darüber sprechen?"

Wenn es daraufhin zu einem guten Gespräch kommt, und beide Gesprächspartner der Meinung sind, daß ihr Problem, seine Ursachen, seine Auswirkungen und seine Bewältigung für künftige Konfliktlösungen in der Arbeitsgruppe beispielhaft seien, sollten Herr Barth und Frau Lange gemeinsam mit der Gruppe darüber sprechen (s. Abb. 48).

12.5 Voraussetzungen für richtiges Führungsverhalten

Das Verhalten von Herrn Barth hängt von seiner Menschenkenntnis und seinem Fingerspitzengefühl für emotionelle Reaktionen ab. Kann er aus dem Verhalten von Frau Lange, aus der Art und Weise, wie sie auf seine Gesprächseröffnung reagiert, ablesen, ob sie wirklich krank war oder die Krankheit nur vorgeschoben hat?

Darf man von dem Abteilungsleiter in einem Betrieb verlangen, daß er solche Voraussetzungen guten Führungsverhaltens besitzt? Kann man lernen, wie man Menschen beurteilt, die Ursachen ihres Verhaltens erkennt und ihre Gefühlsreaktionen versteht?

Der Fall „Beziehungsstörung" verdeutlicht, wie wertvoll solche „sozialen Lernprozesse" für die Menschenführung von Führungskräften sind, die in ihren Mitarbeitern nicht nur Arbeitskräfte sehen wollen.

VERHALTENSENTSCHEIDUNG IM FALL: "BEZIEHUNGSSTÖRUNG"

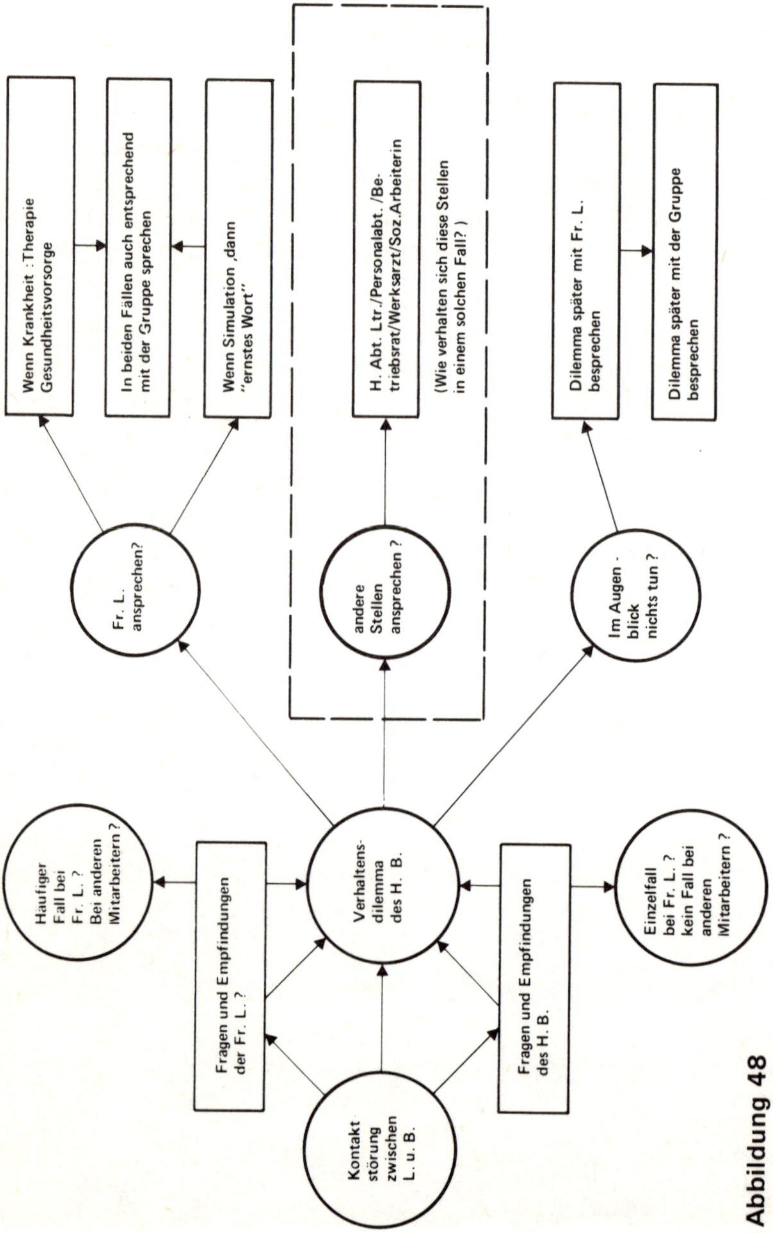

Abbildung 48

13 Der Fall: „Technische Neuerungen" oder: Wie motiviert man die Bejahung von Veränderungen?

Inhaltsübersicht

In einem Produktionsbereich der Elektromotoren AG sollen die seit Jahren benutzten Maschinen durch modernere ersetzt werden. Der für den Gesamtbereich verantwortliche Oberingenieur, Herr Bader, hat seinen Abteilungsleiter, Herrn Puls, beauftragt, die mit der Umstellung verbundenen Arbeiten zu planen und durchzuführen.

Alle dafür notwendigen schriftlichen Anordnungen hat Herr Puls an seine engsten Mitarbeiter, d.h. an seinen Assistenten Loritz sowie an die Gruppenleiter Urban und Malik weitergegeben.

Da die Umstellung auf neue Maschinen auch bauliche Veränderungen mit sich brachte, bezog Abteilungsleiter Puls mit seinem Assistenten ein Büro in einem Neubau und wurde dadurch räumlich von seinen übrigen Mitarbeitern getrennt.

Bereits am ersten Anlauftag gibt es mit den neuen Maschinen Schwierigkeiten, und die Produktion kommt ins Stocken.

Abteilungsleiter Puls geht deshalb zu seinem Vorgesetzten, Herrn Bader, um mit ihm die unvorhergesehenen Probleme zu besprechen.

Herr Bader fragt vorab: „Liegen die Schwierigkeiten bei den Maschinen, am Material oder an der Zeitplanung?" Aus der Antwort des Herrn Puls entwickelt sich folgendes Gespräch:

Puls: „Ich vermute eher, daß die aufgetretenen Komplikationen bei meinen Leuten liegen. Es sieht so aus, als würden meine drei besten Mitarbeiter mit der Betriebsumstellung einfach nicht fertig. Ich kriege aber nicht aus ihnen heraus, was ihnen nun eigentlich so schwer fällt."

Bader: „Wenn ein Mensch gegen irgend etwas inneren Widerstand leistet, und man will herausbekommen, warum er das tut, so ist es immer am besten, sich in seine Lage zu versetzen."

Puls (nachdenklich): „Da haben Sie recht, das führt weiter. Als wir den Neubau bezogen, hat Loritz ihn gleich „die Gruft" getauft. Er hat wohl Angst davor gehabt, in Zukunft von den Kollegen getrennt zu arbeiten, mit denen er täglich „auf Tuchfühlung" lebte."

Bader: „Und wie haben sich Urban und Malik verhalten?"

Puls: „Nun, Urban, der ja schon 20 Jahre im Betrieb ist, sagte: Das ist doch bisher alles reibungslos gelaufen. Nun werden die guten alten Maschinen einfach weggeworfen, und 20 Jahre Erfahrung sind im Eimer. Man wird bald nur noch zum Ein- und Ausschalten gebraucht!"

Bader (nickt mit dem Kopf):

Puls: „Malik war auch deprimiert, und als ich ihn nach der Ursache fragte, meinte er: Ach, direkt fehlt mir nichts. Nur, wenn man zu Hause schon Probleme hat, kann man im Betrieb keine neuen gebrauchen. Das liebste wäre mir, wenn dort alles beim alten bliebe."

Bader: „Wissen Sie, Herr Puls, das beste ist, Sie sprechen mit ihren Mitarbeitern über die aufgetretenen Schwierigkeiten, und zwar so, daß jeder von den Dreien frei und offen sagt, wo ihn der Schuh drückt."

Herr Puls kehrt in seine Abteilung zurück, um den Rat des Chefs gleich zu befolgen. Sein engstes Mitarbeiterteam steht unlustig und unschlüssig vor den neuen Maschinen.

Puls: „Also, meine Herren, lassen Sie sich erklären ... Ich weiß, daß die Umstellung Ihnen nicht behagt, aber der Laden muß weiterlaufen. In anderen Abteilungen hat es schließlich auch funktioniert.

Natürlich höre ich mir Ihre Vorschläge an. Sie können mich auch als „Seeleneimer" benutzen. Ich gehe jetzt in mein Büro und nehme mir so viel Zeit für jeden von Ihnen, wie er nur haben will, um sein Herz auszuschütten."

Herr Puls wartet vergebens.

Er beginnt über den mißglückten Versuch nachzudenken, mit seinen frustrierten Mitarbeitern ins Gespräch zu kommen.

13.1 Falscher Gesprächsansatz

Überlegen sie bitte einmal – ehe Sie weiterlesen – was Herr Puls in seinen vier einleitenden Sätzen falsch gemacht hat. Versuchen Sie eine Analyse, evtl. gemeinsam mit einigen Kollegen.

Acht typische Anzeichen eines dominierenden Verhaltens sind erkennbar.

Viermal stellt Herr Puls seine Überlegenheit zur Schau: „Lassen Sie sich erklären ...” wird von den Mitarbeitern als eine verlegene Dominanz empfunden. „.... ich weiß ...” kommt als unangemessene „Allwissenheit” an. „... der Laden muß weiterlaufen” wirkt als fordernde, „in anderen Abteilungen hat es schließlich auch funktioniert” als tadelnde Überlegenheit des Vorgesetzten.

Viermal wirkt Herr Puls überheblich auf die Mitarbeiter: „... höre mir Ihre Vorschläge an” klingt nachsichtig-gönnerhaft. Mit der Aufforderung „... als Seeleneimer benutzen ...” spielt er sich als eine Art Psychotherapeut auf.

Die Mitarbeiter empfinden die Redeweise ihres Chefs als unangemessen und kränkend. „... in mein Büro ...”, d.h. die Einladung, in den Beichtstuhl zum „Oberhirten” zu kommen, frustriert und empört sie. „... soviel Zeit für jeden, wie er nur haben will ...”, diese abschließende Anbiederung wird von den Mitarbeitern sicher gar nicht mehr aufgenommen, so sehr sind sie vor dem „Ansprechen” durch den Vorgesetzten in die „innere Emigration” gegangen.

Was hätte Herr Puls zu seinen Mitarbeitern sagen müssen, damit sie gespürt hätten, daß ihr Chef sich ihnen in partnerschaftlicher Solidarität zuwendet? Wäre es richtiger gewesen, mit jedem allein zu sprechen? Welchen Gesprächseinstieg hätte er wählen, und in welche Richtung hätte er die Unterredung lenken müssen?

Es wäre gut, die Lektüre hier wieder zu unterbrechen und sich zu fragen bzw. mit Kollegen zu diskutieren, wie Sie mit den Herren Loritz, Urban und Malik sprechen würden, und welches Gesprächsziel Sie erreichen möchten. Sie könnten auch versuchen, Ihr Gesprächsverhalten mit Rollenspielen im Kollegenkreis zu üben.

13.2 Gesprächsführung mit Zielvorgabe

Wenige Tage nach seinem mißglückten Mitarbeitergespräch nimmt Herr Puls an einem Führungsseminar seiner Firma teil. Dabei wird eine Tonbildschau zum Thema „Widerstände gegen Neuerungen und deren Überwindungsmöglichkeiten" diskutiert. Die Teilnehmer erhalten anschließend folgende Richtlinien für die Gesprächsführung in Konfliktsituationen.

Um den Widerstand gegen eine Betriebsumstellung zur Zufriedenheit der Mitarbeiter überwinden zu können, muß man zunächst herausbekommen, was diese Umstellung für den einzelnen aus seiner Sicht bedeutet.

Wenn der Vorgesetzte die Meinung seiner Mitarbeiter nicht vorher anhört – vielleicht weil er seine Anordnungen für die einzig möglichen hält – dann ruft er Verstimmung und Abwehr hervor.

Manche Vorgesetzte halten es für ausreichend, Neuerungen lediglich zu begründen und klare Anweisungen zu geben.

Meist sehen die Mitarbeiter die Notwendigkeit und Zweckmäßigkeit von Änderungen auch ein. Trotzdem wehren sie sich innerlich dagegen, oft ohne überhaupt von ihrer Abwehrhaltung zu wissen.

Wie entstehen diese Befürchtungen und Ängste, wenn sich der Arbeitsprozeß technisch und organisatorisch ändert?

Räumliche Veränderungen können zwischenmenschliche Beziehungen empfindlich stören. Kollegen und Freunde verlieren die Tuchfühlung. Sie können weniger häufiger miteinander sprechen. Die Angst vor dem Verlust gewohnter und liebgewordener Kontakte kann starke emotionale Kräfte gegen Umsetzungen auf den Plan rufen.

Neue Maschinen mit moderner komplizierter Technik machen langjährige Erfahrung oft von einem Tag zum anderen wertlos. Wo erworbenes Wissen und Können nicht mehr gefragt ist, kommt es zur Verunsicherung des Selbstwertgefühls. Es entstehen emotionale Barrieren gegen technische Veränderungen, besonders dann, wenn die Betroffenen bei den vorausgegangenen Planungen und Entscheidungen nicht mitsprechen und mitwirken konnten. Neuerungen im Arbeitsablauf und in der Funktion des Mitarbeiters werden zunächst als zusätzliche Belastung empfunden. Kommen noch Anfangsschwierigkeiten hinzu, fühlt sich der Mitarbeiter seiner Aufgabe nicht mehr gewachsen. Er befürchtet den Verlust seiner beruflichen Existenz, wirkt wie gelähmt und kann ernstlich erkranken.

Wie kann man den Mitarbeiter motivieren, seine Befürchtungen und Ängste abzubauen?

Wenn ein Vorgesetzter erkennt, daß sein Mitarbeiter das Nachlassen von zwischenmenschlichen Beziehungen fürchtet, sollte er sich ihm besonders zuwenden und ihm dabei helfen, alte Kontakte zu pflegen und neue zu gewinnen. Es kommt nur darauf an, Gelegenheit dafür zu schaffen.

Macht sich ein Mitarbeiter Sorgen darüber, daß seine Fachkompetenz und sein berufliches Ansehen nachlassen, so kann der Vorgesetzte sein Selbstbewußtsein heben, indem er ihn bei Änderungsmaßnahmen beteiligt und ihm damit das Gefühl der Mitverantwortung für den Umstellungsprozeß gibt.

Fürchtet ein Mitarbeiter um seine berufliche Qualifikation und bekommt Angst um den Verlust seines Arbeitsplatzes, muß ihn der Vorgesetzte ermutigen, ihm Vertrauen beweisen und ihm so zu neuer Zuversicht und einem neuen Sicherheitsgefühl verhelfen (s. Abb. 49).

WIDERSTÄNDE GEGEN NEUERUNGEN UND DEREN ÜBERWINDUNGSMÖGLICHKEITEN

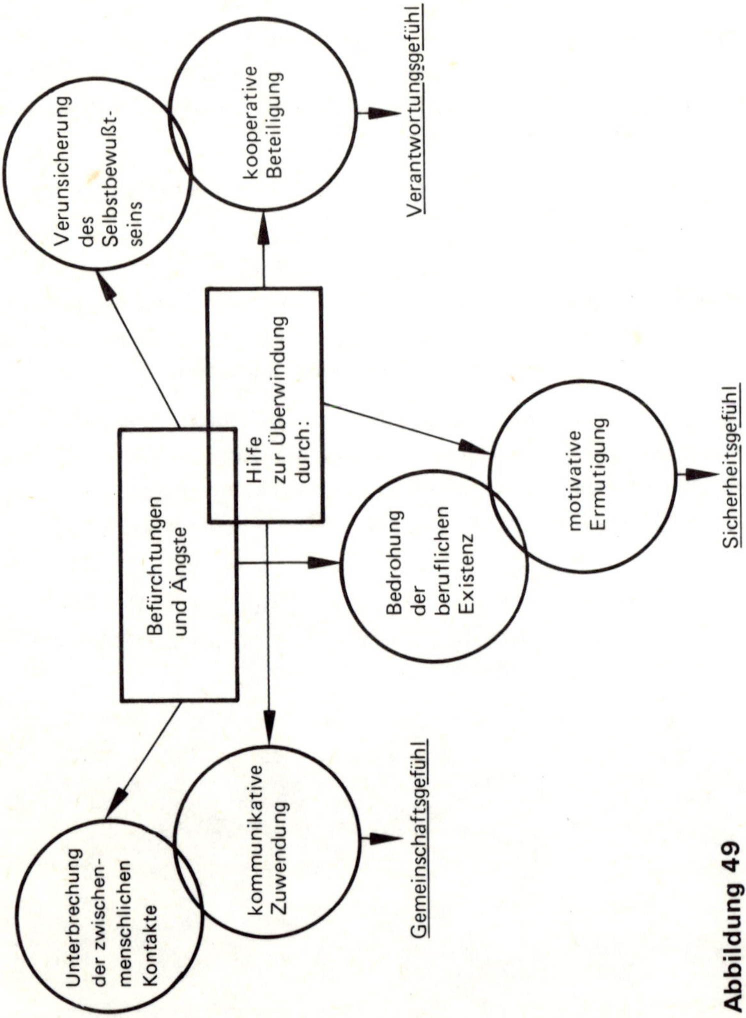

Abbildung 49

14 Der Fall: „Arbeitsstreß" oder: Wie motiviert man die Selbstkontrolle der persönlichen Arbeitsgestaltung?

Inhaltsübersicht

Norbert Neubauer, ein jüngerer Abteilungsleiter, ist der Meinung, daß er alles selbst und allein erledigen muß. Jede neu auftauchende Aufgabe reißt er an sich, ohne einen Plan für sich und seine beiden engsten Mitarbeiter zu machen, ohne sich mit ihnen abzustimmen oder gar Teilaufgaben an sie abzugeben. Betriebsam und nervös fängt er bald diese, bald jene Arbeit an. Auf diese Weise bleiben manche Vorgänge unerledigt und viele notwendige Entscheidungen im Schwebezustand. Ihm wird dabei nicht bewußt, daß er Geschäftigkeit mit Fähigkeit und Wirksamkeit verwechselt. Wie ein Maulwurf sitzt er in seinem Papierberg und verliert dabei jegliche Übersicht. Die Folge davon: Er verpaßt Termine, wirkt unkonzentriert und fällt dadurch nicht nur seinen Vorgesetzten, sondern auch seinen Mitarbeitern, vor allem seiner Sekretärin, Gerda Hartwig, und seinem Sachbearbeiter, Günter Eckert, unangenehm auf.

Einige Beispiele mögen dies illustrieren:

Szene 1:

Sekretärin: „Darf ich kurz stören, Herr Neubauer, Herr Fleischer wartet auf einen Bescheid wegen der Urlaubsanträge."

Neubauer: „Urlaubsanträge? Was soll das nun wieder, mir ist nichts bekannt."

Sekretärin: „Ich habe eine Aktennotiz in die Mappe „Eilt sehr" gelegt."

Neubauer: „Das kann nicht sein, die hätte ich ja sehen müssen."

Sekretärin: „Ich bin ganz sicher, sehen Sie, hier ist sie auch."

Szene 2:

Neubauer: „Frau Hartwig, bitte schreiben Sie gleich die Notiz über den neuen Organisationsplan. Ich hatte ihn Herrn Vorberg für heute zugesagt."

Sekretärin: „Vorhin meinten Sie aber, daß der Brief an Dr. Bredow, an dem ich gerade schreibe, vordringlich sei."

Neubauer: „Ja, schon gut, ist er an sich auch, aber der Organisationsplan geht vor. Sie müssen flexibel sein!"

Szene 3:

Sekretärin: „Kann ich Ihnen irgendwie behilflich sein?"

Neubauer: „Danke sehr, nicht nötig, das mache ich besser selbst. Ich muß übrigens gleich den Amann sprechen, der hat doch 2705?"

Sekretärin: „Soll ich eine Verbindung herstellen?"

Neubauer: „Ich wähle gleich selbst, ich will ihm nur rasch sagen, daß er den Tagungsbericht, den ich ihm für gestern versprochen hatte, heute bekommt."

Sekretärin: „Kann ich inzwischen etwas für Sie erledigen?"

Neubauer: „Wie? Ach ja, geben Sie mir bitte die Bewerbung von Herrn Müller ... aber halt, erst müssen wir ja noch die Lagerbestellung aufgeben.

Und bitte rufen Sie gleich im Sekretariat Burger an und sagen, daß ich sofort einen Termin beim Chef brauche. Es ist ganz dringend."

Nach Dienstschluß trifft Hauptabteilungsleiter Förster Herrn Neubauer, der gerade mit vollgestopfter Aktentasche und einem Stoß Zeitschriften unter dem Arm seine Diensträume verläßt.

Szene 4:

„Guten Abend, Herr Neubauer, so bepackt? Nehmen Sie öfter Arbeit mit nach Hause?"

Neubauer: „Eigentlich fast täglich."

Förster: „Das finde ich aber nicht gut. Der Abend ist zur Erholung da."

Neubauer: „Ja, ja, eigentlich schon, aber wie soll ich denn sonst mit meiner Arbeit fertig werden?"

Herr Förster hat über das Gespräch mit Herrn Neubauer nachgedacht und ihm den Auftrag gegeben, während einer Woche genau aufzuschreiben, welche Arbeitsvorgänge er in welcher Reihenfolge erledigt. Mit dieser „Arbeitsstudie zum Selbst-Management" will er erreichen, daß Herr Neubauer seine eigene Arbeitsdisposition besser in den Griff bekommt.

Als Herr Neubauer seiner Sekretärin, Frau Hartwig, und seinem Sachbearbeiter, Herrn Eckert, von diesem Auftrag erzählt, kommt es zu folgendem Gespräch:

Szene 5:

Neubauer: „Das ist doch die reinste Zeitvergeudung!"

Sachbearbeiter: „Ich glaube, nein! So eine „Arbeitsstudie" kann bestimmt nützlich sein. Sie werden dabei entdecken, wo Zeit verschwendet wird, und wie man das ändern kann."

Neubauer: „Ja, finden Sie denn, daß ich meine Zeit falsch einteile? Sehen Sie mich jemals untätig? Ich schufte von früh bis spät, mehr als jeder andere in meiner Abteilung."

Sekretärin: „Ich finde nur, Sie könnten einen Teil von ihrer Arbeit an Herrn Eckert und mich abgeben."

Neubauer: „Wie wollen Sie darüber urteilen können? Jeder von uns hat seine Arbeit. Sie tippen, machen die Ablage..."

Sekretärin: „... kochen den Kaffee. Leider ist das auch alles. Ich werde aber als Sekretärin bezahlt und nicht als Schreibkraft. Ich könnte Ihnen viel abnehmen, damit Sie mehr Zeit für wichtigere Vorgänge gewinnen."

Sachbearbeiter: „Das könnte ich auch. Die Aufstellung, die Sie mir am Freitag aus der Hand genommen haben, hätte ich ebenso erledigen können."

Neubauer: „Da fällt mir gerade ein, die habe ich am Wochenende gemacht; sie muß noch getippt werden, Frau Hartwig."

Szene 6:

Sekretärin: „Schade, wenn Sie mir gesagt hätten, was Sie mit Herrn Fischer abgesprochen haben, hätte ich die Terminplanung für Sie erledigt."

Neubauer: „An sich haben Sie recht, aber lassen Sie nur, das schaffe ich auch noch allein."

Sekretärin: „... aber Herr Burger muß annehmen, daß ich eine unfähige Sekretärin bin. Davon sind ohnehin die meisten in der Firma überzeugt."

Neubauer: „Aber, das ist doch völlig aus der Luft gegriffen, barer Unsinn!"

Sekretärin: „Nein, das ist die bittere Wahrheit. Wenn Sie nicht so gedanken- und rücksichtslos wären, würden die vielen Pannen, die hier passieren, nicht mir angelastet werden."

Neubauer: „Rücksichtslos? Halten Sie mich etwa für rücksichtlos?"

Sekretärin: „Ja, leider ist es so! Sie tun nur, was ihnen gerade in den Kram paßt. Ihre Mitarbeiter sind Ihnen dabei gleichgültig. Sie fangen an, was Ihnen Spaß macht, telefonieren in der Gegend herum, jeder kann sie ohne Verabredung überfallen. Eine Arbeit, die Herr Eckert oder ich ohne Mühe erledigen könnten, reißen Sie uns unmotiviert aus der Hand. Unsere eigene Arbeitsplanung interessiert Sie überhaupt nicht. Das nenne ich rücksichtlos. – Verzeihen Sie, aber das mußte ich einmal loswerden!"

Was halten Sie von den dargestellten Szenen?

Mit welchen Methoden und Verhaltensformen könnte Abteilungsleiter Neubauer motiviert werden, die jeweilige Situation besser in den Griff zu bekommen und Streß zu vermeiden?

14.1 Die persönliche Arbeitsgestaltung

Die persönliche Arbeitsgestaltung wird selten kritisch betrachtet. Man kann sogar beobachten, das dies um so weniger geschieht, je selbständiger die Arbeit ist. Meist bemühen sich diejenigen, deren Arbeitsverhalten nicht direkt kontrolliert wird, nur aus besonderem Anlaß darum, die Effektivität ihrer Arbeitsweise zu steigern. Das könnte anders sein, denn es gibt Methoden zur Bewertung und Verbesserung der persönlichen Arbeitsgestaltung. Auch die psychologischen Voraussetzungen dafür sind bekannt. Theoretische Hinweise allein genügen allerdings nicht. Wer die Wirksamkeit seiner persönlichen Arbeitsweise optimieren will, muß sich bei der Arbeit laufend beobachten, analysieren und korrigieren. Das geht nicht ohne Selbstkritik und intensives Selbsttraining. Ständige Aufmerksamkeit und Anstrengung im Hinblick auf den persönlichen Arbeitsstil sind aber deshalb so wichtig, weil nicht nur die eigene Arbeitsleistung, sondern auch Führungsautorität und Führungserfolg entscheidend vom persönlichen Arbeitsverhalten abhängen. Diese Erkenntnis sollte motivierend auf jeden Vorgesetzten einwirken, besonders auch deshalb, weil sein Arbeitsstil sich direkt oder indirekt auf die Arbeitsweise seiner Mitarbeiter auswirkt.

14.2 Selbstmanagement

Das Schaubild „Selbstmanagement kontra Arbeitsüberlastung" (s. Abb. 50) ist ein Hinweis darauf, mit welchen Methoden und Verhaltensformen Abteilungsleiter Neubauer in den sechs geschilderten Szenen seine Arbeitssituation und -organisation verbessern könnte.

Streß entsteht meist durch Konzeptionslosigkeit, Hilflosigkeit gegenüber Störungen und Entscheidungsschwäche.

Er resultiert aus der Unfähigkeit, Arbeitszeit zu rationalisieren, Arbeit zu delegieren und die Mitarbeiter zu selbständiger Mitarbeit zu motivieren.

Gegen Arbeitsüberlastung helfen überlegte und geduldige Maßnahmen zur Selbststeuerung, d.h. Überprüfung und Korrektur des eigenen Arbeitsverhaltens. Beides ist durch Training erlernbar.

SELBSTMANAGEMENT KONTRA ARBEITSÜBERLASTUNG

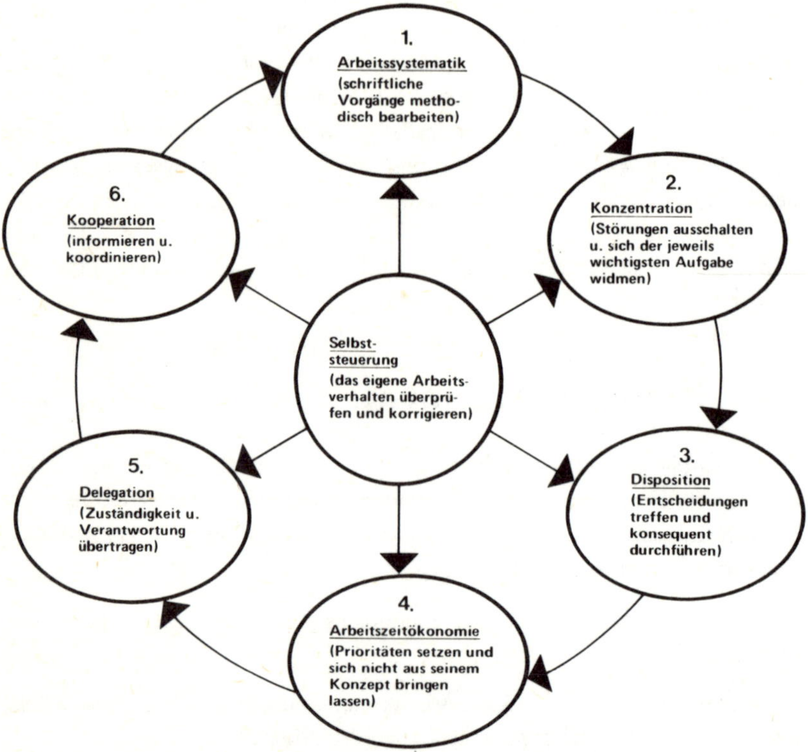

Abbildung 50

15 Der Fall: „Der eilige Auftrag" oder: Wie motiviert man einen „Sondereinsatz"?

Inhaltsübersicht

An einem Vormittag hat eine besonders gute Kundin in einem Pelzgeschäft einen kostbaren Nerzmantel gekauft und verlangt bis zum Nachmittag eine Änderung. Es geht dabei um eine sehr schwierige Arbeit, die langjährige Erfahrung und besondere Sorgfalt voraussetzt.

Herr Kunze, der Kürschnermeister in der Änderungswerkstatt, überlegt, ob er den Auftrag an Frau Müller vergeben soll, die eine ausgezeichnete Fachkraft ist, aber mit der Termineinhaltung öfters Schwierigkeiten hat, oder an Frau Maier, die zwar zügig arbeitet, deren Sorgfalt aber manchmal zu wünschen übrig läßt.

Nach einiger Überlegung entschließt sich Herr Kunze für Frau Müller. Er hat aber seine Bedenken, ob die an sich so gute und erfahrene Mitarbeiterin die eilige Arbeit auch bis zum Nachmittag schaffen wird. Diese Unsicherheit veranlaßt ihn, immer wieder an ihren Arbeitsplatz zu kommen, um zu sehen, wie weit sie gekommen ist. Frau Müller registriert dies sichtlich mit steigender Verärgerung.

Als sie den Raum für ein paar Minuten verläßt, erfragt Herr Kunze bei einer

Kollegin, wo Frau Müller sei und erfährt, daß sie auf der Toilette eine Zigarette raucht. Daraufhin läßt er an die Toilettentür klopfen. Frau Müller kommt bald mit puterrotem Kopf zurück und nimmt ihre Arbeit mit kaum unterdrücktem Zorn wieder auf.

Herr Kunze spricht sie an: „Sie wissen, daß die Änderung brandeilig ist. Ich erwarte von Ihnen, daß Sie so schnell wie möglich arbeiten."

Frau Müller entgegnet: „Und ich liebe keine Antreiberei. Lassen Sie mich in Ruhe schaffen, dann werde ich auch rechtzeitig fertig sein."

Herr Kunze grollt: „Ich verlange aber, daß Sie ab sofort zügiger arbeiten und werde das auch kontrollieren, verlassen Sie sich darauf!"

Die Mitarbeiterin erwidert mit tränenerstickter Stimme: „Wenn Sie so mit mir reden, kann ich einfach nicht richtig arbeiten. Ich habe Herzschmerzen durch die ganze Aufregung bekommen, und ich muß nach Hause gehen!"

Während sie ihre Sachen zusammenpackt, kommt Geschäftsführer Lang, der Vorgesetzte von Meister Kunze, in die Werkstatt. Der Meister erzählt ihm sofort in Anwesenheit von Frau Müller von seiner Auseinandersetzung mit ihr.

Herr Lang, auf dem Weg zu einem eiligen Termin, erklärt unkontrolliert scharf: „Wer hier nicht spurt, den werfe ich raus!"

Frau Müller kann nur noch mit erstickter Stimme sagen: „Ich kann nicht mehr, ich muß zum Arzt!"

Kurz nachdem sie gegangen ist, kommt der Geschäftsinhaber zur Tür herein. Herr Lang berichtet ihm über den Vorfall. Der Chef fährt daraufhin den Meister an: „Was soll denn das? Sie machen meine besten Leute kaputt. Sehen Sie zu, daß Sie das ganz schnell wieder in Ordnung bringen!"

Und Geschäftsführer Lang stellt sich mit dem Zusatz hinter seinen Chef: „Ich erwarte, daß Sie mit Frau Müller sofort wieder ins Reine kommen!"

Welche Fehler hat Meister Kunze begangen?
Wie soll er sich nun verhalten?

15.1 Verhaltenstraining

Versuchen Sie einmal, allein oder im Kollegenkreis die Verhaltensfehler des Meisters aufzulisten. Nehmen Sie dabei die anschließende Tabelle nicht zur Kenntnis.

Dann denken Sie allein oder mit der Gruppe darüber nach, wie Herr Kunze sein Führungsproblem hätte besser lösen können und was er, in dieser von ihm selbst geschaffenen verfahrenen Situation, nun tun soll.

15.2 Bessere Personalführung

Frau Müller war für die diffizile Änderung an dem kostbaren Pelz sicher am besten qualifiziert. Meister Kunze hätte sich lediglich vor der Auftragserteilung fragen müsse, ob sie den Termin einhalten kann. Wenn auf diese Weise eine gemeinsame Zielsetzung vereinbart worden wäre, auch mit der Absprache, daß Frau Müller in bestimmten Zeitabständen über den Fortgang der Arbeit berichten soll, hätte die ganze Aufregung vermieden werden können.

Wie kam Herr Kunze dazu, seinen Vorgesetzten mit diesem internen Konflikt zu belasten, noch dazu zu einem ersichtlich ungünstigen Zeitpunkt? Und warum tat er das in Gegenwart von Frau Müller?

Der nächsthöhere Vorgesetzte kann meist nichts tun, wenn es durch ein Fehlverhalten des direkten Vorgesetzten zu Streitigkeiten mit Mitarbeitern kommt. Seine Intervention verschärft meist nur den bereits vorhandenen Spannungszustand. Meister Kunze muß mit seinem Personalproblem ohne den Geschäftsführer fertig werden.

Es wäre besser gewesen, wenn er sich rechtzeitig bei Frau Müller entschuldigt hätte. Nun muß er es unter „Gesichtsverlust" doch tun.

15.3 Notwendiger Entschluß: Die Entschuldigung

Mitarbeiter können sehr „einschnappen", wenn sie sich von einem Vorgesetzten falsch und ungerecht behandelt fühlen. Es ist dann wenig sinnvoll, darüber zu streiten, wen die meiste Schuld trifft. Beiderseitige Rechtfertigungsversuche führen nur zu weiterer Entfremdung.

Es gibt nur den einen Ausweg der beiderseitigen Entschuldigung. Bei vielen Anlässen – so auch in dem beschriebenen Fall – sollte der Vorgesetzte damit beginnen.

Bereits das ständige Kontrollieren ihrer Arbeit hat Frau Müller verärgert. Die Zigarettenpause in der Toilette, das demütigende Klopfen an die Tür, die anschließenden „Belehrungen" des Meisters, und endlich die offene Drohung des Geschäftsführers ließen bei ihr alle Sicherungen durchbrennen. Herr Kunze kann nur darauf bauen und durch sein taktvolles Verhalten erreichen, daß Frau Müller wieder zugänglicher wird. Er muß über den eigenen Schatten springen und seine Mitarbeiterin sehr bald zu Hause anrufen. Wenn er bei diesem Telefonat und auch bei späteren Gesprächen die richtigen Worte findet, ist es durchaus möglich, daß Frau Müller einen Teil der Schuld auf sich nimmt und einsichtig gesteht: „Ich hätte vielleicht nicht gleich so gereizt antworten sollen."

Keineswegs verliert ein Vorgesetzter, der sich bei seinen Mitarbeitern entschuldigt, an Ansehen. Mitarbeiter ahnen und erkennen Unsicherheiten und Ängste ihres Chefs sehr gut, und ein Vorgesetzter behält „sein Gesicht" eher, wenn er sich zu seinen Fehlern bekennt, als wenn er sie zu vertuschen sucht.

15.4 Sich dem Problem stellen

Ein Vorgesetzter sollte sich bei auftretenden Konflikten offen und flexibel verhalten. Wenn er durch sein Verhalten ein Personalproblem mitverursacht, so darf er sich nicht sperren, d.h. nicht auf „stur" schalten. Er sollte sich aber auch nicht resigniert „in sein Kämmerlein zurückziehen" und den Dingen ihren Lauf lassen.

Er darf seinen „Fall" aber auch nicht von sich wegschieben und höhere Instanzen einschalten. Ein Vorgesetzter muß zu der Einsicht gebracht werden, daß er auftretende Personalprobleme selbst zu lösen hat. Er muß lernen, mit seinen „Problempartnern" zu sprechen (s. Abb. 51).

15.5 Das notwendige Gespräch zwischen Meister und Geschäftsführer

Auch die Auseinandersetzung des Meisters mit dem Geschäftsführer muß unter diesem Aspekt gesehen werden. Herr Kunze kann dessen ihn bloßstellendes Verhalten nicht einfach hinnehmen. Er steht vor der Frage, ob er kündigen oder nicht reagieren, ob er den Fall vor den Geschäftsinhaber oder den Betriebsrat bringen soll.

Am besten spricht er mit Herrn Lang und fragt ihn, wie er selbst sein Verhalten als Geschäftsführer bei dieser leidigen Sache sieht. Wie glaubt er, auf ihn, seinen Meister, aber auch auf den Geschäftsinhaber gewirkt zu haben? Was wollte er mit seinem unbeherrschten Verhalten bewirken?

Es ist möglich, daß es auf diese Weise zu einer richtigen Aussprache kommt, durch die das gespannte Verhältnis zwischen den beiden Vorgesetzten behoben wird und der Führungsstil im Pelzgeschäft sich im ganzen verbessert.

15.6 12 Führungsfehler der Meisters Kunze

1. Keine ausreichende Entscheidungsvorbereitung
   (Er fragte Frau Müller bei Auftragserteilung nicht nach ihrer Meinung)

2. Keine Zielvereinbarung mit Zwischenzielen
   (Er besprach mit ihr weder den Endtermin noch einzelne Berichtstermine)

3. Fehlende Motivation
   (Er gab Frau Müller keinen Hinweis auf die Bedeutung der von ihr zu leistenden Arbeit)

4. Mangelndes Einfühlungsvermögen
   (Er registrierte nicht ihre wachsende Verärgerung bei seinen Kontrollbesuchen)
5. Vertrauensentzug durch Einschalten einer Kollegin
   (Er fragte die Arbeitspartnerin von Frau Müller aus)
6. Taktlose Demütigung
   (Er ließ an die Toiletten-Tür klopfen)
7. Unmögliche Kommunikationsformen
   (Er redete Frau Müller im „Kasernenhofton" an)
8. Mangelndes Verständnis für Eigenarten der Mitarbeiterin
   (Er beachtete den persönlichen Arbeitsrhythmus von Frau Müller nicht)
9. Kränkende Drohungen
   (Er setzte sie mit der Ankündigung seiner Kontrollbesuche unter Druck)
10. Einschaltung des Vorgesetzten
    (Er delegierte die Problemlösung „nach oben")
11. Kein Sensorium für die Wahl des richtigen Zeitpunktes
    (Er rief eine streßbedingte, unüberlegte Reaktion seines Chefs hervor)
12. Mangelndes Taktgefühl
    (Er schwärzte die Mitarbeiterin in ihrer Gegenwart bei seinem Vorgesetzten an).

VERHALTENSMÖGLICHKEITEN DES MEISTERS KUNZE

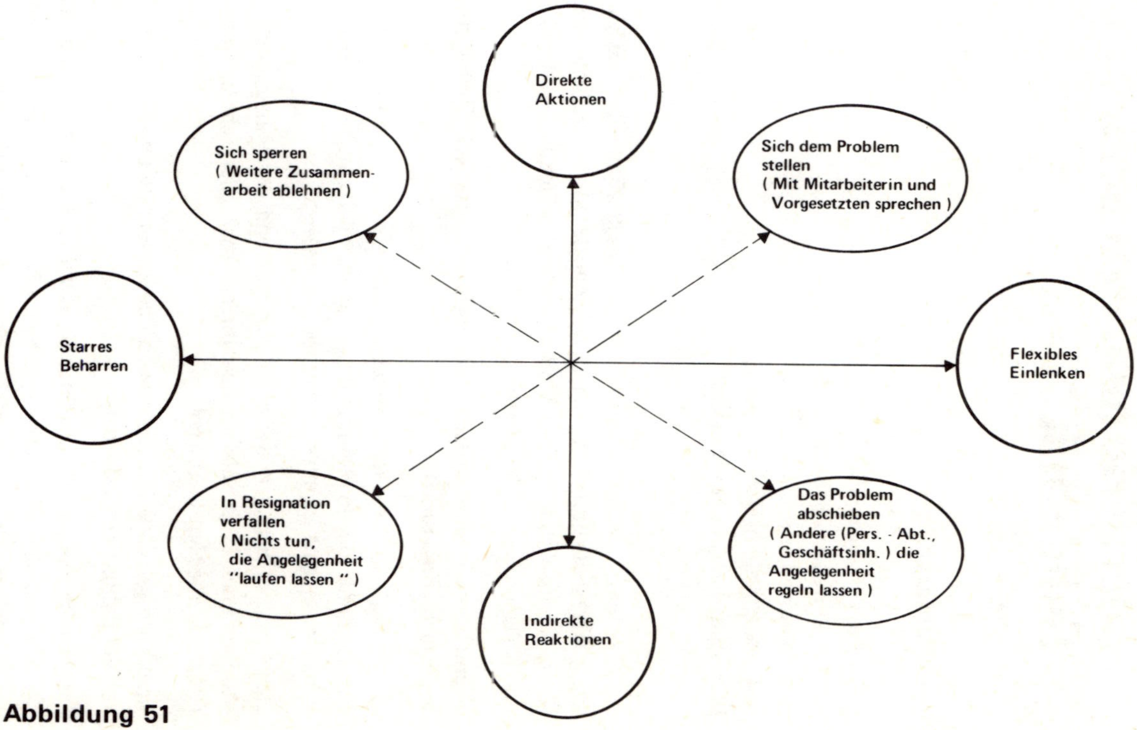

Abbildung 51

16 Der Fall: „Verunsicherte Kollegin" oder: Wie motiviert man Solidarität?

Inhaltsübersicht

Als Abteilungsleiter Fritz Gerlinger – früher als gewöhnlich – vom Mittagessen in die Werkstatt zurückkam, sah er, daß eine der Montagearbeiterinnen, Anna Kanz, bereits wieder an ihrer Werkbank stand, während sich die Kolleginnen und Kollegen noch in der Kantine aufhielten.

„Nanu", sprach sie Gerlinger freundlich an: „Schmeckt Ihnen unser Essen heute nicht, Frau Kanz?"

„Doch, doch, ich habe schon gegessen, Herr Gerlinger", antwortete Frau Kanz hastig, „mir kribbelte es nur in den Fingern, wieder an meine Arbeit zu kommen. Darum ging ich etwas früher vom Essen weg."

„Ich fände es richtiger, wenn Sie sich während der Mittagspause ausruhen würden, Frau Kanz, obwohl ich Ihren Arbeitseifer sehr anerkennenswert finde", meinte Herr Gerlinger.

Frau Kanz gab darauf keine Antwort und wartete auf ihre Kollegen, die gerade von der Kantine zurückkamen.

Ein paar Tage später arbeitete Frau Kanz wieder während der Mittagszeit, und der Abteilungsleiter bemerkte es erneut: „Hat es schon wieder in den Fingern gekribbelt?", fragte er. Frau Kanz schien von seinen Worten irritiert zu sein, verließ sofort den Arbeitsplatz und wirkte stark verunsichert.

Herr Gerlinger beobachtete, daß sie den ganzen Tag angespannt und mit sich beschäftigt war.

Was soll der Abteilungsleiter im Fall Kanz tun?

16.1 Zur Vorgeschichte

Die erste Zeit nach ihrer Einstellung wirkte Frau Kanz unsicher bei ihrer Arbeit. Ersichtlich wollte sie unbedingt einen guten Eindruck machen. Deshalb fragte sie Herrn Gerlinger immer wieder, ob er mit ihr zufrieden wäre. Sie sagte ihm auch, wie froh und erleichtert sie sei, endlich einen guten Arbeitsplatz gefunden zu haben.

Der Abteilungsleiter weiß, daß er das Arbeiten während der Mittagspause nicht gestatten darf. Es widerspricht der Betriebsordnung, in der bedacht wurde, daß es bei solcher Pausenarbeit zu den mannigfaltigsten Komplikationen kommen kann. Auch den Kolleginnen von Frau Kanz fällt ihre Arbeit während der Mittagspause auf; sie machen sich sogar lustig darüber. Herr Gerlinger weiß das alles, aber er möchte die Eigeninitiative und den Arbeitseifer der neuen Mitarbeiterin nicht einfach abblocken.

16.2 Ergänzende Personaldaten

Anna Kanz ist 34 Jahre alt, verwitwet und hat drei Kinder. Sie besitzt Realschulbildung, ist seit vier Wochen bei der Firma und verspricht, eine wertvolle Mitarbeiterin zu werden, da sie rasch begreift, sich Gedanken über ihre Arbeitsgänge macht und häufig den Abteilungsleiter oder ältere Mitarbeiter um Rat und Meinung fragt, ersichtlich, um ihre Arbeit möglichst rasch und gut in den Griff zu bekommen. Auf der einen Seite wirkt sie schutzbedürftig, andererseits ist sie gehemmt und abweisend.

Frau Kanz half ihrem verstorbenen Mann bei der Buchführung in einer kleinen Elektrowerkstatt. Nach seinem Unfalltod arbeitete sie als Aushilfs-Schreibkraft in einem Kaufhaus, führte Elektrogeräte für den Haushalt vor und beaufsichtigte Kinder berufstätiger Eltern.

Sie war in ihrem bisherigen Leben immer in wirtschaftlichen Schwierigkeiten. Eine zusätzliche Belastung bedeutet die Krankheit ihres jüngsten Kindes, das wegen eines Sprachfehlers in laufender ärztlicher Behandlung ist.

Fritz Gerlinger ist 30 Jahre alt, von Beruf Techniker. Er ist verheiratet und hat ein Kind. Der Firma gehört er seit 5 Jahren an. Wegen seiner guten Leistungen wurde er vor einem halben Jahr zum Abteilungsleiter befördert.

Die Abteilung, in der hochempfindliche elektronische Geräte montiert werden, setzt sich aus je 6 weiblichen und männlichen Mitarbeitern zusammen.

Wir müssen uns fragen, ob der Abteilungsleiter erkennt, daß seine Mitarbeiterin in großer Existenzangst lebt. Registriert er, wie wichtig ihr seine Anerkennung ist, und daß sie sich in dauernder Furcht befindet, von den Kollegen in der Abteilung nicht voll anerkannt zu werden?

Die Ängste von Frau Kanz sind durch ihren bisherigen Lebenslauf bedingt. Aus ihrem Verhalten sprechen keine bloßen Anfangsschwierigkeiten, wie sie bei neuen Mitarbeitern oft vorkommen. Ist sich Herr Gerlinger bewußt, daß er vor einem ernsten Personalproblem steht?

Kleine Unsicherheiten in einer neuen Arbeitsumgebung können vom Vorgesetzten mit humorvoller Ermunterung und mit kleinen hilfreichen Bemerkungen beseitigt werden. Wenn ein Mitarbeiter Existenzangst im engeren und weiteren Sinne hat und um die Solidarität der Gruppe und das Wohlwollen des Vorgesetzten bangt, dann kann ihm nur mit einer persönlichen Aussprache und mit verständnisvoller Zuwendung geholfen werden. Wird Herr Gerlinger in der Lage sein, mit Frau Kanz über ihre Probleme und Ängste zu sprechen?

Wie soll er ein so schwieriges Gespräch anfangen, und wie wird es ausgehen?

Solche „Problemlösungsgespräche" können bei einem Führungs- und Kooperationstraining mit Hilfe von Rollenspielen geübt werden.

16.3 Dialoge zur Problemlösung

In einem Trainingsseminar könnte jeder Teilnehmer die Rolle des Herrn Gerlinger übernehmen, der Frau Kanz in sein Büro bittet, um mit ihr ins Gespräch zu kommen.

Eine Teilnehmerin könnte aus dem Stegreif die Rolle der Frau Kanz übernehmen oder aber eine Dame aus dem Seminarkreis hat sich darauf vorbereitet, die Gesprächspartnerin für alle Darsteller des Herrn Gerlinger zu sein. Die nicht am Spiel beteiligten Seminarteilnehmer beobachten die Spielszenen, die außerdem von einem Video-Recorder aufgezeichnet werden. Mit Hilfe von Diskussionen und Interpretationen der Beobachtungen und des Erlebens von eigenem Agieren und Reagieren auf dem Bildschirm erfahren alle Mitspieler, wie sie sich bei einem Problemgespräch verhalten und welche Möglichkeiten es gibt, in einem solchen Fall miteinander umzugehen.

Wenn es dem „Abteilungsleiter" mit seinem Gespräch gelungen sein sollte, Frau Kanz etwas „Hilfe zur Selbsthilfe" zu vermitteln, so darf er den „Fall" jedoch noch nicht als abgeschlossen ansehen.

Zwischen ihm und der Mitarbeiterin muß es immer wieder zu Gesprächskontakten kommen, damit er ihr kontinuierlich dabei helfen kann, ihre Angst abzubauen. Außerdem muß er sich dafür einsetzen, daß sich ihr Kontakt zu den Kollegen verbessert und sie von der Gruppe schließlich voll akzeptiert wird.

16.4 Gespräche in der Gruppe

Das Wohlfühlen im Kreis der Kollegen ist für Frau Kanz wahrscheinlich noch wichtiger als die Sicherheit, die ihr durch die Anerkennung und Zuwendung ihres Vorgesetzten vermittelt wird.

Herr Gerlinger wird sich als guter Vorgesetzter deshalb auch darum bemühen müssen, bei den Mitarbeiterinnen und Mitarbeitern um Verständnis für Frau Kanz zu werben.

Auch das Gespräch mit der Gruppe kann in Rollenspielen geübt werden, wobei die verschiedenen Verhaltensmuster von Vorgesetzten und Mitarbeitern bewußt gemacht werden müssen. Beim Beobachten der Mitarbeiter-Spieler können außerdem gruppendynamische Vorgänge festgestellt werden, bei deren Interpretation man wahrscheinlich zu interessanten sozialpsychologischen Ergebnissen kommt.

16.5 Zum Thema „Frauenarbeit"

Die Fallstudie „Verunsicherte Kollegin" ist dazu angetan, ein paar allgemeine Gesichtspunkte der Führung und Kooperation von Frauen bewußt zu machen.

Vorgesetzte von weiblichen Arbeitnehmern – seien es nun Männer oder selbst Frauen – müssen einige andere Schwerpunkte erkennen und beachten, als sie bei der Führungsverantwortung für männliche Mitarbeiter zutage treten (s. Abb. 52).

Ein Vorgesetzter, der dies nicht erkennt, erspürt und berücksichtigt, wird leicht Führungsfehler begehen, Konflikte mit hervorrufen und die Arbeitsleistung der gesamten Arbeitsgruppe negativ beeinflussen.

Wer für den Arbeitseinsatz, die Leistung und für die Kontrolle von Frauen verantwortlich ist, sollte sich über die Besonderheiten weiblichen Arbeits- und Leistungsverhaltens gründlich informieren.

Einzel- und Gruppengespräche sind nach unserer Erfahrung – richtig vorbereitet und geführt – das erfolgversprechendste Mittel, um das Entstehen und die Entfaltung von Solidarität innerhalb einer Arbeitsgruppe zu fördern.

WAS IST BEI DER FÜHRUNG VON MITARBEITERINNEN ZU BERÜCKSICHTIGEN ?

Wissen um die persönlichen und physischen Eigenschaften der Frau in ihren wichtigsten Altersstufen	Beurteilung der besonderen Arbeitssituation der Frau in der Spannung zwischen Beruf und Familie, Betrieb und Ehe
Anpassen der Arbeitsaufgaben und Arbeitsbedingungen an die Leistungsfähigkeit der Frau	Erleichtern der Doppelbelastung der Mitarbeiterin als Hausfrau und Erwerbstätige
Unterscheidung zwischen Jugendlichen, Ehefrauen, Müttern und verwitweten sowie älteren Mitarbeiterinnen	Achtung auf die weiblichen Eigenarten und auf das Leistungsverhalten der Frau im Arbeitsprozeß und der Arbeitsgruppe
Berücksichtigen der generellen Lebensverhältnisse der Frau	Eingehen auf die individuelle Situation und Persönlichkeit der Mitarbeiterin

Abbildung 52

17 Der Fall: „Hilfe, Unfall!" oder: Wie motiviert man die Beachtung der Arbeitssicherheit?

Inhaltsübersicht

Hans Daum, 30 Jahre alt, verheiratet, 1 Kind von 2 Jahren, als Konstrukteur seit 5 Jahren im Betrieb, läuft in großer Eile durch den Maschinenraum, fällt hin und kommt dabei mit seinem linken Arm in eine laufende Maschine, die nicht durch ein Gitter geschützt ist. Der Betriebsarzt leistet sofort „Erste Hilfe" und läßt den Mann ins Krankenhaus bringen.

17.1 Ursachen-Analyse

Anschließend ruft Werkstattleiter Hoffmann den zuständigen Meister Grade, den Mechaniker Scholz, den Werkstattschreiber Albert, den Arbeiter Thiele und die Bürobotin, Fräulein Evelyn, zu einer Besprechung zusammen. Dabei kommt es zu folgender Analyse des Vorfalles:

Werkstattleiter: „Herr Grade, wieso hatte die Maschine kein Schutzgitter?"

Meister: „Die Maschine lief ungleichmäßig. Ich sagte deshalb Herrn Scholz, er möge einmal nachsehen, was los ist."

Mechaniker: „Ich nahm das Schutzgitter weg und machte einen Probelauf mit der Maschine. Dann mußte ich einen ganz kurzen Augenblick weg, um eine Unterschrift zu leisten. Ich hätte die Maschine natürlich nicht ohne Aufsicht laufen lassen dürfen."

Werkstattleiter: „Das ist auch völlig unverständlich!"

Mechaniker: „Sicher war das ein großer Fehler von mir, aber doch noch kein Grund für Herrn Daum, in die Maschine zu fallen."

Meister: „Herr Daum muß über einen Gegenstand gefallen sein, der im Wege stand."

Werkstattleiter: „Ja, das war der Holzklotz, den ich vor der Maschine gefunden habe. Wie kam der dorthin?"

Arbeiter: „Ich hatte Abfälle zusammengekehrt und mit der Karre weggebracht. Dabei muß der Klotz heruntergefallen sein."

Meister: „Dafür nimmt man ja auch keine offenen Karren, sondern einen Kastenwagen!"

Arbeiter: „Ich fand aber keinen!"

Meister: „Dann hätten Sie die Ladung wenigstens festbinden müssen."

Arbeiter: „Auf den Gedanken bin ich nicht gekommen. Dann ruckte die Karre auch noch über ein Loch im Boden, da hätte das Festbinden auch nichts genutzt."

Mechaniker: „Ja, ohne das Loch im Boden wäre wahrscheinlich alles gut abgegangen."

Meister: „Ich habe Ihnen das schon dreimal gemeldet, Herr Grade. Können Sie sich erinnern?"

Werkstattleiter: „Ja, der Punkt geht gegen mich, aber der Unfall hätte vermieden werden können, wenn Herr Daum nicht durch den Maschinenraum gelaufen wäre. Er weiß doch, daß dies verboten ist. Herr Albert, Sie sitzen doch mit ihm in einem Büro, haben Sie keine Ahnung, warum er es trotzdem tat?"

Werkstattschreiber: „Das ist so: Herr Daum wartete auf die Botin. Sie ist immer so pünktlich, daß wir sie schon unsere „lebende Uhr" nennen und uns nach ihr richten. Heute kam sie ganz unvorhergesehen später, und deshalb lief Herr Daum zu spät los, um eine Zeichnung zur Direktion zu bringen."

Werkstattleiter: „Also ein Zufall?"

Werkstattschreiber: „Herr Daum hätte niemals die Abkürzung durch den Maschinenraum genommen, wenn er nicht unterwegs gemerkt hätte, daß er zu spät dran ist."

Werkstattleiter: „Und warum waren Sie heute so ungewohnt unpünktlich, Fräulein Evelyn?"

Botin (verlegen): „Das war so: Ich traf unterwegs ganz zufällig meinen Freund, und da haben wir ein bißchen erzählt. Ich habe mir nichts Böses dabei gedacht."

Werkstattleiter: „Fassen wir zusammen: Es liegen also eine Reihe von Schlampereien oder auch nur von Zufällen vor, die unglücklicherweise alle zur gleichen Zeit zusammentrafen. Wäre nur einer der Vorfälle ausgeblieben, so hätte der Unfall vermieden werden können. Ich werde jetzt meinen Bericht schreiben."

Werkstattschreiber (nachdenklich): „Aber eines ist mir immer noch unklar."

Werkstattleiter: „Was meinen Sie?"

Werkstattschreiber: „Warum hatte es Herr Daum plötzlich so brandeilig, weshalb war er so verwirrt und erregt? Es paßt eigentlich nicht zu ihm, sich wegen ein paar Minuten Verspätung aufzuregen. Trotzdem hat er die verbotene Abkürzung durch den Maschinenraum genommen. Warum?"

Werkstattleiter: „Moment mal, da ist noch etwas, und das geht auf mein Konto! Auch mich trifft Schuld an dem Unfall, wenn ich es genau bedenke. Ich habe nämlich die Geduld verloren. Der Direktor hatte die Zeichnung früher erwartet und bei mir angemahnt. Daraufhin habe ich Herrn Daum am Telefon ziemlich grob angefahren."

Diese „Analyse eines Unfalles" führt zu folgenden Überlegungen:

Welche Gefahrenquellen entstehen durch welche Ursachenkombinationen?

Wie kann es dabei zu einem Gefahrenrisiko kommen?

Durch welche Ursachenkombination wird der Unfallprozeß ausgelöst?

- Wer hat den Unfall direkt verschuldet und warum?
- Wer hat den Unfall indirekt mit verursacht? Weshalb?
- Wen trifft keine Schuld an dem Unfall und wieso?

Aus der Beantwortung der ersten drei Fragen ergibt sich ein „Ursachen-Netz" des Unfalles (s. Abb. 53).

Die direkte Schuld an dem Unfall trifft zuerst Mechaniker Scholz, der die Maschine ohne Schutzgitter unbeaufsichtigt laufen ließ.

Schuldig wurde auch der Arbeiter Thiele, durch dessen Nachlässigkeit der Holzklotz im Wege lag.

Auch Meister Grade ist nicht frei von Schuld, weil er sich nicht energisch darum kümmerte, daß das Loch im Fußboden beseitigt wurde.

Werkstattleiter Hoffmann muß sich ebenso schuldig fühlen, weil er die diesbezüglichen Meldungen von Meister Grade nicht ernst genug genommen und die Angelegenheit vor sich hergeschoben hat.

Sein unbeherrschter Anruf bei Herrn Daum und dessen „verbotener" Abkürzungsweg, den er verwirrt und in Eile genommen hatte, können wohl nur als indirekte Schuld bewertet werden. Ohne Schuld sind mit Sicherheit der die Zeichnung anmahnende Direktor und die Botin Evelyn, deren zufällige Begegnung mit dem Freund die so schlimm endende Verkettung von Umständen auslöste.

17.2 Wozu motiviert dieses Fallbeispiel?

Wir müssen erkennen und bedenken, daß ein Betriebsunfall meist nicht nur eine Ursache hat.

Er kommt nicht als „Schicksalsschlag" auf uns zu, sondern ist vielmehr die Folge eines Prozesses, der sich aus direkten Fehlern, mitschuldigem Fehlverhalten und unverschuldeten Zufällen entwickelt hat.

Um Betriebsunfälle zu verhindern, müssen wir ein differenzierteres „Prozeßbewußtsein" sowie größere Sorgfalt und Aufmerksamkeit gegenüber den sog. „Kleinigkeiten" im menschlichen und sachlichen Bereich entwickeln.

URSACHEN – "NETZ DES UNFALLS"

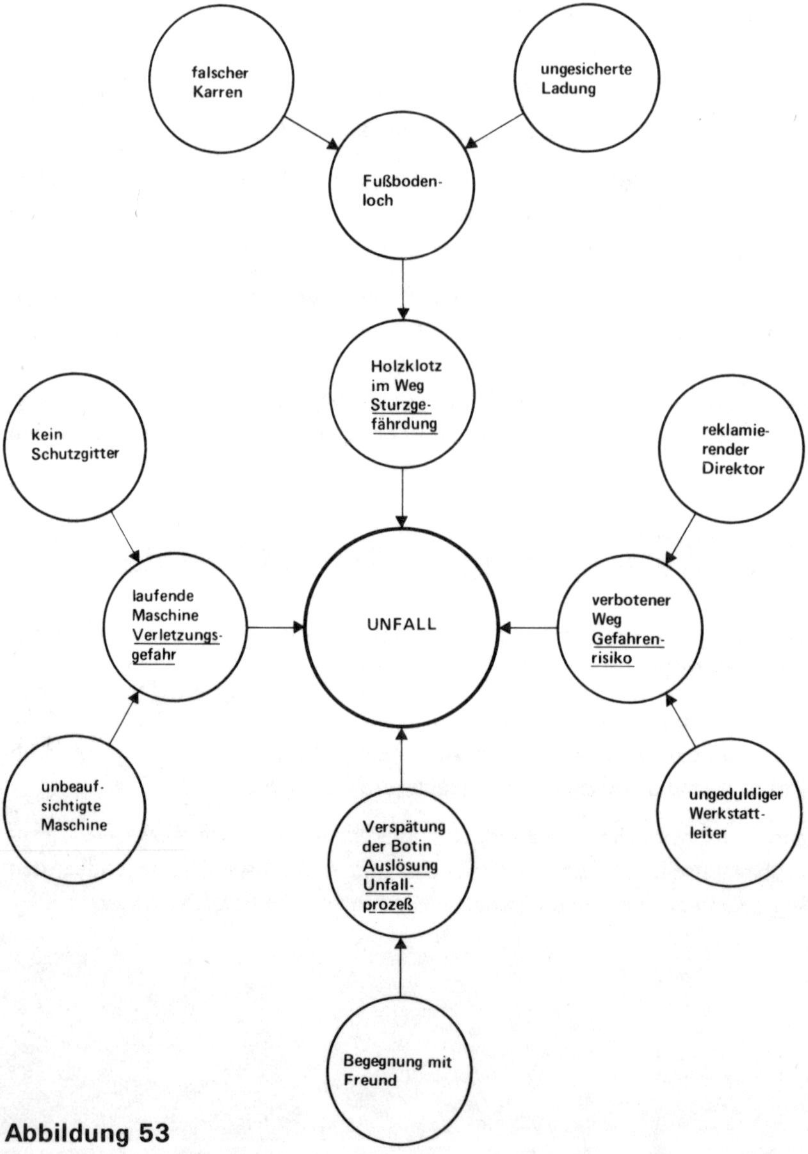

Abbildung 53

Literaturverzeichnis

Bordemann, G. H.	Verhaltensregeln im Führungsalltag	Heidelberg 1978
Bormann, E. G.	Die neuen Techniken der Kommunikation	München 1974
Brehm, K. H./ Paulik, H. (Hrsg.)	Handbuch der betrieblichen Aus- und Fortbildung (Loseblattsammlung)	München 1977
Bühl, W. L. (Hrsg.)	Konflikt und Konfliktstrategie	München 1972
Clemm, H. L.	Zeitgewinn durch neue Methoden der Zeitplantechnik	Kissing 1978
Corell, W.	Pädagogische Verhaltenspsychologie	München 1974
Corell, W.	Programmiertes Lernen und schöpferisches Denken (7. Aufl.)	München 1975
den Hartog, F. J.	Humanisierung des Arbeitsplatzes	Bern/Stuttgart/ Wien 1977
Deutsch, M.	Konfliktregelung	München 1976
Doerschel, A.	Betriebspädagogik	Berlin 1975
Eschenberg, Th.	Über Autorität	Frankfurt/M. 1976
Esser, W. M.	Individuelles Konfliktverhalten in Organisationen	Stuttgart 1975
Euler, H. P.	Konfliktpotential industrieller Arbeitsstrukturen	Wiesbaden 1977
Fengler, J.	Verhaltensänderungen in Gruppenprozessen	Heidelberg 1975
Gaugler, E. (Hrsg.)	Handwörterbuch des Personalwesens	Stuttgart 1975
Gaugler, E. u. a.	Humanisierung der Arbeitswelt und Produktivität (2. Aufl.)	Ludwigshafen 1977
Gellermann, S. W.	Motivation und Leistung (3. Aufl.)	Düsseldorf/Wien 1972
Graumann, C. F.	Motivation	Wiesbaden 1977
Grunow, D.	Personalbeurteilung	Stuttgart 1976
Helm, J./Fritzheim, J.	Beurteilen im Betrieb. Verfahren, Fehlerquellen, Perspektiven	Wiesbaden 1978
Hoelemann, W./ Spengler, G.	Die Beurteilung von Führungskräften. Verfahren, Anwendungspraxis, Ergebnisse	Königstein/Ts. 1978
Kaiser, A.	Fragetechnik. Richtig fragen, mehr erfahren	Wiesbaden 1978

Kellog, M.	Führungsgespräche mit Mitarbeitern	München 1974
Kirchhoff, G.	Soziale Konflikte in der Arbeitswelt	München 1976
Kolvenbach, H.	Personalentwicklung und Förderung	Wiesbaden 1977
Korff, E.	Menschenführung als Aufgabe (5. durchges. Aufl.)	Heidelberg 1976
Korff, E./ Reineke, W.	Arbeitstechnik für Vielbeschäftigte (4. neubearb. Aufl.)	Heidelberg 1978
Krüger, W.	Konfliktsteuerung als Führungsaufgabe	München 1973
Küchle, E.	Menschenkenntnis für Manager	München 1977
Landwehrmann, F./ Albring, R.	Information und Mitwirkung – Mittel betrieblicher Führung	Heidelberg 1977
Lawler, E.	Motivierung in Organisationen	Stuttgart 1977
Lay, R.	Meditationstechnik für Manager	München 1976
Lippmann, Ch.	Aspekte einer psychoanalytisch orientierten Betriebspsychologie	Berlin 1978
Maier, N. R./ Sollem, A./Maier, A. A.	Rollenspielpraxis im Führungstraining	Wiesbaden 1978
Maslow, A. H.	Motivation und Persönlichkeit	Freiburg 1977
Mayer, A. (Hrsg.)	Organisationspsychologie	Stuttgart 1978
Neuberger, O.	Das Mitarbeitergespräch	München 1973
Neuberger, O.	Theorien der Arbeitszufriedenheit	Stuttgart 1974
Neuberger, O.	Führungsverhalten und Führungserfolg	Stuttgart 1976
Nick, F. R.	Management durch Motivation	Stuttgart 1974
Nierenberg, J. S.	Durchbruch zum Anderen – Produktive Überzeugung durch kontrollierten Dialog	München 1977
Oechsler, W. A.	Konfliktmanagement	Wiesbaden 1979
Perlitz, M./ Vassen, J.	Grundlagen der Fallstudiendidaktik	Königstein/Ts. 1976
Raschke, H.	Taschenbuch der Personalbeurteilung (5. durchges. Auflage)	Heidelberg 1977
Rosenstiel, L.	Motivation im Betrieb (4. Aufl.)	München 1976
Sahm, A.	Humanisierung der Arbeitswelt – Verhaltenstraining statt Verordnung	Freiburg 1976
Sahm, A.	Humansierung im Führungsstil	Frankfurt/M. 1977
Sahm, A.	Verhaltenstraining im Betrieb	Frankfurt/M. 1979
Sahm, A.	Lernziel: Zusammenarbeit	Frankfurt/M. 1979
Schein, E. H.	Die Psychologie der Organisation	Wiesbaden 1979
Schlicksupp, H.	Kreative Ideenfindung in der Unternehmung – Methoden und Modelle	Berlin/New York 1977

Schützenberger, A.	Einführung in das Rollenspiel	Stuttgart 1976
Sikora, J.	Handbuch der Kreativmethoden	Heidelberg 1976
Stangl, a.	Der erfolgreiche Vorgesetzte (überarb. u. erweiterte Neuaufl.)	Düsseldorf/Wien 1978
Stiefel, R. T.	Erfolgreiche Managementschulung im Unternehmen	Königstein/Ts. 1978
Stroebe, G.	Training in Wirtschaft und Verwaltung Praxis der Fallmethode	Essen 1978
Stroebe, G.	Gezielte Verhaltensänderung	Heidelberg 1978
Todt, E.	Motivation	Stuttgart 1977
Tümmers, J.	Kreativität am Arbeitsplatz	Trier 1978
Tumm, G.W.	Die neuen Methoden der Entscheidungsfindung	München 1978
Witthauer, K. F.	Menschen führen (2. Aufl.)	Stuttgart 1977
Wurm, F.	Leistung und Gesellschaft Motivation im Wandel	Leverkusen 1977
Zander, E.	Taschenbuch für betriebliches Informationswesen (2. neubearb. Auflage)	Heidelberg 1975
Zander, E.	Taschenbuch der Führungstechnik (5. Aufl.)	Heidelberg 1977
Zempelin, H. G.	Leistung im Betrieb. Aus der Sicht betrieblicher Führungspraxis	Köln 1974
Zielke, W.	Mach Dich effektiver Ein Selbstmanagement-Programm	München 1978